산골짜기 가족 스케치

Family sketches from a mountain valley

산골짜기 **가족**스케치

2006년 1월 15일 1판 1쇄 인쇄
2006년 2월 1일 1판 1쇄 발행

지은이 | 현재인
펴낸이 | 조용기
펴낸곳 | (주)신앙계
등 록 | 제 13-16
주 소 | 150-868 서울시 영등포구 여의도동 11-17
전 화 | (02)785-3813(편집부) (02)785-3814(영업부)
팩 스 | (02)785-3815
홈페이지 | http://www.shinangge.com
인 쇄 | 동양인쇄

ISBN 89-86622-28-9
값 9,800원

파본이나 잘못된 책은 바꿔 드립니다

산골짜기
가족스케치
Family sketches from a mountain valley

현재인 지음

심양제

프롤로그

산 속으로 난 오솔길, 멀리 내려다보이는 아름다운 경치, 찰랑찰랑 흐르는 시내, 바위와 들꽃들, 우리의 발아래에 있는 작고 어여쁜 것들, 당당한 자태로 서 있는 키 큰 소나무와 낙엽송들, 이 모든 것들이 만들어내는 풍경은 한 가정이 자리 잡아 누리기에는 너무나 환상적인 것이었습니다. 어디 그뿐입니까! 바람, 눈, 눈부신 햇살까지. 그것들로는 우리 삶을 풍성케 하기에 충분치 않다는 듯 마을 사람들, 친구들, 탐방자들, 순례자들은 잠시도 우리를 외롭게 놔두지 않았습니다.

우리는 산 속으로 가라는 하나님의 명령을 따라 이곳 강원도 하사미동 산7번지로 왔고 하나님께서는 이곳에서 우리 영혼의 지경을 넓혀 주시고 많은 풍성한 만남들을 통해 우리의 순종에 보상해 주셨습니다.

"저 사람들은 왜 저기까지 올라갔대?" 많은 사람들이 궁금해 하며 우리를 보러 왔습니다.

"내가 저 먼 곳까지 가면 하나님께서 내게 말씀하실 것 같아." 그렇게 말하며 이곳으로 오는 길에 치유를 받은 사람도 있었습니다.

"분명 저기서 황금을 찾았을 거야!"라고 말하는 사람들에게 우리는 우리가 찾은 진짜 황금, 성령 안에서의 삶을 나누어 주었습니다.

"아이들을 저렇게 산 속에서 키워도 괜찮을까?"

그러나 우리 아이들의 창의적인 모험 정신과 학구열은 엄마인 내가 따라가기 힘들 정도입니다.

"저기서 뭘 먹고 산대?"

솔직히 이 질문에 대해서는 지난 40년 동안 우리의 모든 필요가 공급되었다는 것 외에 달리 대답할 말이 없습니다. 우리의 지혜로운 관리자이신 하나님께서는 우리가 원하는 것을 모두 주시지는 않았지만, 우리에게 필요한 것은 정확하게 채워 주셨습니다.

요즘 가정들을 보면 염려스럽습니다. 가정에는 서로에게 성실하고 자녀들을 깊이 사랑하는 엄마와 아빠가 있어야 합니다. 이런 환경이 아이들에게 안정감을 주고 아이 안에 있는 창의성을 자극합니다.

우리는 이곳에서 그것을 얻었습니다. 벤, 엘시, 버니에게는 자신들의 방대한 관심 분야와 삶에 대한 사랑을 여러 가지 활동과 이야기, 질문, 대답을 통해 끊임없이 자신들과 공유하는 아빠가 있었습니다. 나는 이것을 지켜보면서 감사했습니다.

이곳 예수원에는 30여 명의 가족과 20명의 수련사, 15명의 수련지원자들과 가족에게 속한 30명의 아이들, 그리고 많은 장기 내방객들이 있습니다. 모두 고맙고 감사한 분들입니다. 산골짜기에서 함께 한 소박하고 때로 힘들기도 한 생활은 많은 사람들과 깊고 견고한 우정을 쌓게 했고 그들은 지금 전세계에 퍼져 있습니다.

이 책은 지난 2003년 2월부터 2005년 7월까지 월간 신앙계사의 요청에 따라 우리 가족과 예수원 공동체 안에 있었던 일들을 '가족스케치'라는 이름으로 연재한 글들을 모은 것입니다. 무엇보다 이 글을 쓸 수 있도록 기획하고 아마추어 작가의 글을 너그럽게 받아들여 준 신앙계측에 감사를 드립니다. 또한 내가 계속해서 글을 쓸 수 있도록 격려해 준 나의 딸 옌시에게도 고마움을 전합니다.

여러 해 전 놀라움과 많은 의문들을 가지고 나는 남편을 따라 이곳으로 왔습니다. 그때 남편은 "하나님께서 크리스천 공동체와 기도의 집을 시작하기를 원하신다"고 했습니다. 지금 남편은 자신의 상급을 받으러 가고 없지만 나는 아직도 이곳에 남아있습니다. 그렇지만 나는 외롭거나 혼자라고 생각지 않습니다. 오히려 행복할 뿐입니다. 게다가 우리 아이들은 예수원의 사명을 전파하기 위해 한국으로 돌아와 있습니다. 하나님의 명령을 따라 이곳 강원도 하사미동 산7번지에 예수원을 세운 지 40여 년이 넘었습니다. 그 세월 동안 우리 가족 안에 그리고 이 공동체 안에 있었던 하나님의 은혜가 이 책을 읽는 모든 독자들에게 동일하게 함께 하시기를 기도합니다.

"하나님의 도는 완전하고 여호와의 말씀은 정미하니 저는 자기에게 피하는 모든 자의 방패시로다"(시 18: 30).

현 재 인
Jane Grey Torrey

추천의 글

　　하나님께서는 매세기마다 하나의 '제인 토레이' 이야기를 만들어내십니다! 제인과 아처가 함께 했던 삶은 사도행전에 대한 아름다운 해설이었고, 두 사람의 사랑과 지혜는 전세계 사람들을 감동시켰습니다. 그러나 이 책을 읽고 난 뒤 나는, 하나님의 영으로부터 나온 제인의 지혜와 포기할 줄 모르는 의지, 신실함, 하나님께서 주시는 모든 것을 기꺼이 받아들이고 무조건적으로 그분을 따르는 순종에 다시 한 번 이전과는 비교할 수 없는 깊은 감명을 받았습니다. 〈산골짜기 가족스케치〉이 책은 토레이의 전 가족(제인, 아처, 벤, 옌시, 버니)이 그런 삶을 살았음을 분명하게 보여 주고 있습니다.

　　나는 이 책이 많은 언어로 번역되어서 전세계의 성도들이 이 기쁨을 함께 누리기를 소망합니다. 이 책 전체에서 우리는 제인의 지혜와 유머뿐만 아니라 하나님의 부르심에 대한 한결같은 순종도 볼 수 있습니다. 제인과 아처는 그들을 부르신 비전 안에서 하나였고, 사람들, 특히 가난한 자들을 긍휼히 여기는 마음안에서도 하나였습니다.

아처는 이제 더 이상 우리와 함께 있지 않습니다. 그러나 제인은 고요하지만 혁신적인 삶의 여정을 계속 걸어가고 있습니다. 이 책은 다른 사람들도 그러한 삶 속으로 들어가도록 문을 열어줍니다. 나는 하나님께서 그분께서 친히 세우신 가정을 새롭게 하시고 그의 몸인 교회를 준비하고 새로운 부흥을 일으키는 일에 이책을 쓰실 것을 믿습니다.

오대원 목사
미국 시애틀 안디옥훈련센터 대표

추천의 글

　　대천덕 신부님께서 언젠가 "예수원은 실험실입니다. 성경이 참말인지 거짓인지를 실험하는…"이라고 말씀하셨습니다. 그런데 이 말씀이 가끔씩 내 머리를 스쳐가곤 했습니다. 40여 년을 예수원에서 지내신 분이 예수원이 성경을 놓고 실험하는 곳이라고 생각하고 말씀하신 것으로 보아 그분의 삶 자체가 하나님의 말씀과 동행한 삶이라고 말할 수 있기 때문입니다. 그런데 예수원과 25여 년 인연을 맺고 있는 나의 생각도 지금은 '예수원은 실험실이야. 사랑을 만들어 내는…'이라는 생각이 듭니다.

　　1979년 12월 31일 12명의 친구들과 꿈과 같은 전설같은 강원도 황지를 가기 위해 차를 빌렸습니다. 그 안에서 하루 종일 찬송을 불렀습니다. 눈이 얼마나 많이 왔던지 바퀴에 체인을 감고 몇 번을 쉬어가며 도착하니 아침 9시에 서울에서 출발했는데 밤 10시가 되었습니다. 신부님, 사모님 그리고 예수원 식구들이 모두 촛불을 들고 우리를 마중해주었습니다. 그때 처음으로 대천덕 신부님과 현재인 사모님을 뵈었습니다. 그 당시 예수원에는 전기불도 없었고, 손님들을 위한 더운물도 없었습니다. 방마다 연탄을 밤에 갈아 넣어야 연탄불을 꺼뜨리지 않고 그나마 잘 수 있던 시기였습니다. 신부님이 티타임에 초대해주시면 그나마 벽난로(?) 앞에서 몸을 녹일 수 있고 사모님이 준비해주시는 차에 간단한 간식이 얼마나 귀하고 맛이 있던지 눈치를 보아가며 먹곤 했습니다.

아침 식사 시간이었습니다. 키가 장대같이 크신 분이 장화같이 큰 검은 고무신을 벗고 식당으로 오셔서 우리와 함께 식탁에 앉으십니다. 양배추가 둥둥 떠다니는 소금국에 허연

김치. 그게 전부인데 신부님은 그 보리밥 한 공기를 소금국에 다 넣으시고 간장을 더 부으시더니 잡수셨습니다. 그 모습을 보면서 나는 '이게 웬일인가, 웬말인가. 어쩌다가 저분들이 이 산골짜기에 오셔서 이렇게 사시는가?' 나 자신에게 묻곤 했습니다.

한번은 40여 년을 이 산골짜기에서 한국 사람들과 함께 보내신 제인 사모님께서 한국말을 왜 안 배우셨을까 알고 싶어 신부님의 따님 옌시에게 물었습니다. 그녀는 "만일 어머니께서 한국말을 잘 알아듣고 말할 수 있었다면 예수원에 계시지 못했을 겁니다. 한국말을 모르셔서 지금까지 잘 계신 거라고 생각합니다. 한국말을 못하시는 것이 은혜지요."라고 했습니다. 이 말이 주는 의미를 되새기며 그 많은 세월 동안 하나님과 동거동락하신 두 분께 머리 숙여 경의를 표합니다. 그리고 진심으로 감사를 드립니다.

아름다운 이야기들을 모아 책이 되었습니다. 알지 못했고 궁금했던 많은 이야기들을 읽으면서 다시 한번 이분들의 삶을 그려보며 참으로 멋있는 인생을 사셨다고, 예수님을 믿는 모든 분들이 함께 이 은혜를 이 삶을 공유했으면 하는 간절한 소망을 가져봅니다.

한국 땅이 어디에 있는지, 어떤 사람들이 사는 곳인지 아무것도 모르면서 애를 태우셨을 두 분을 생각하면서, 지금도 세계 각지로 흩어진 선교사들의 삶을 생각하면서, 내 가까이에 있는 예수님의 제자들을 예수님의 눈으로 바라보기 원합니다. 이 책이 예수님을 믿는 사람들에게나 또한 믿지 않는 사람들에게도 사랑받는 선물이 되기를 바랍니다.

이 찬 해 교수
작곡가 · 연세대학교

가족 스케치

대천덕 신부와 현재인 사모 그리고 그들의 가족 이야기

파란 눈동자를 가진 외국인 부부와 금발의 어린 소년이 밟은 땅 한국. 이곳에서 대천덕 신부(아처 토레이)와 그의 아내 현재인 사모 그리고 일곱 살 된 아들 벤은 험난한 모험을 시작했습니다. 한 가족의 한국행은 하나님 안에서 새로운 가족공동체를 이루고자 하는 소망의 모험이었던 것입니다.

한국에서의 생활이 7년을 넘어섰을 때 이들 부부에게는 귀한 딸들이 생겼습니다. 첫째 벤과는 열세 살이나 터울이 있는 하나님의 귀한 선물 옌시와 그보다 세 살 어린 막내 버니는 맑은 웃음으로 가족에게 큰 기쁨을 안겨주곤 했습니다.

산골짜기에서의 삶에는 숱한 어려움도 많았습니다. 남들과 다른 피부 색깔을 가졌다고 친구들에게 놀림을 받기도 하고 비라도 심하게 내리는 날이면 험한 길을 한참을 돌아 학교에 가야했고 천막을 치고 생활하면서는 집이 바람에 날려갈까 불안함에 떨기도 했습니다. 전기도 수돗물도 없던 시절이 있었으니까요. 그러나 대 신부의 가족은 하나님이 말씀하신 공동체를 만들기 위해 모든 것을 이겨냈습니다. 아버지 아처는 호기심 많은 아이들에게 따뜻한 이야기를 들려주는

친구이자 선생님이었고 의젓하고 모험심 강한 오빠 벤은 옌시의 용감한 흑기사였습니다. 언제나 상냥한 언니 옌시는 여린 막내의 두 손을 꼭 잡아줄 수 있는 길동무였습니다. 자연 속에서 동물을 키우고 식물을 재배하며 살아가는 가족의 삶은 아이들로 눈에 보이는 화려한 것보다도 훨씬 더 값진 것을 가슴에 품고 자라게 했습니다.

이렇게 작은 소망을 품은 한 가정이 큰 가족공동체를 만들었습니다. 예수원이 그곳입니다. 이곳은 강원도 하사미동 산7번지, 아주 깊은 산골짜기입니다. 예수원 공동체는 방문자 또는 거주자가 함께 노동하고 기도하며 예배 생활을 영위하고 있습니다. 이곳은 개인과 공동체를 향한 하나님의 뜻을 구하고 부르심을 감당하는 곳으로 비록 설립자인 아버지 대천덕 신부는 고인이 되어 세상에 없지만 아내인 현재인 사모와 그의 자녀들이 지금까지도 그의 꿈이자 하나님의 꿈인 예수원에서의 사역을 이어 나가고 있습니다.

차 례

프롤로그 _4
추천의 글 _8
가족스케치 _14

첫 번째 이야기 하나님의 선물, 가족

아처, 당신을 그리며 _20
사랑과 열정의 아버지 아처 _27
그들의 영원한 아버지 _36
하나님의 선물, 가족 _45
완벽한 계획을 갖고 계신 하나님 _55
벤, 아버지의 사역을 이어받다 _64
하나님이 보내주신 선물, 옌시 _73
"나이든 이 블랙 하트가 너를 찾고 있단다" _81
그들만의 여행 _89
환상 여행 티켓 _98
이 세상 최고의 친구 _106
추억 여행과 보너스 _115
위대한 전통 _124
부모의 기도가 자녀를 바꿉니다 _131

두 번째 이야기 또 하나의 가족, 예수원

함께 살아간다는 것은 _140
하나 됨을 통하여 _149
꿈이 이루어졌습니다 _158
우리들의 새해맞이 _166
우리 가족이 늘었어요 _174
사랑하는 도라를 위하여 _182
새미와의 사랑사건 _191
함께 살아가는 복 _201
그저 감사할 뿐입니다 _208
이제는 우리 차례입니다 _216

세 번째 이야기 가족 너머에

하나님이 주신 최고의 선물 _226
둘이 하나 되는 비밀 _235
결혼은 정복하고 정착해야 하는 새로운 영토입니다 _243
그의 고난을 인하여 _251
자연과 더불어 _260
하나님의 마술솜씨 _268
자녀교육 8계명 _276

에필로그 _284

하나님의 선물,
가족

하나님의 선물, 가족

벌써 59년이 지났지만 아직도 아내에 대한 사랑의 마음은 마치 처음처럼 생생합니다. 그 사랑의 힘이 어릴 적 꿈꾸던 멋진 도시가 아닌 티벳이라도 기꺼이 그를 따라 가도록 하였습니다. 물론 우리는 티벳이 아니라 하사미동 산껀지로 향했고 예수원을 지었습니다. 오직 하나님만이 이 놀라운 일을 내게 행하실 수 있었고 하나님은 나뿐 아니라 당신의 자녀들을 위해 놀라운 일을 행하실 것입니다. 그분으로 하여금 그 놀라운 일을 행하시도록 자리를 내어드린다면 말입니다.

아처, 당신을 그리며

남편을 따라 강원도 하사미동 산7번지 이곳에 들어와 산지도 어느새 40년이 지났습니다. 처음에는 이곳에서의 생활이 단기간의 야영 경험으로 끝날 런지 아니면 기독공동체를 세우는 장기간의 개척생활이 될 런지 나로서는 알 수 없었습니다.

아처(대천덕 신부)는 하나님께로부터 비전을 받았고 하나님께서 그의 길을 인도하시며 모든 것을 공급해주실 것을 믿었습니다. 그렇다면 내 경우는 어땠을까요? 나는 남편의 보호 아래서 안전했고 결혼을 통해 배운 깨달음 즉 우리가 하나님의 뜻을 행하고자 한다면 하나님께서는 우리를 보호하시며 우리의 필요를 공급해 주신다는 깨달음이 있었습니다. 당시 열네 살로 이글 보이스카웃(보이스카웃의 최고 단계–편집자 주)이었던 아들 벤 역시 이 모험에 뛰어들 준비가 되어 있었습니다.

처음 7개월 동안은 12명의 자원자들과 함께 커다란 군용 텐트로 지은 천막집에서 지냈습니다. 그 다음에는 산 아래 하나님께서 친히 마련해 주신 크고 평평한 암석 위에 몇 년에 걸쳐 집을 짓고 그 곳에서 살 수 있었습니다. 참으로 하나님께서는 그 암석뿐만 아니라 그 곳에서 지내는 동안 우리에게 필요한 모든 것을 공급해 주심으로 하나님을 전적으로 신뢰한 아처를 높여 주셨습니다.

아처는 그가 성공회 신학교에서 가르쳐 왔던 그리스도인의 삶을 실천해 볼 수 있는 실제적인 실험모델을 갖고 싶어 했습니다. 이 모델에서는 세 가지를 실험하는데 첫 번째는

'하나님과의 관계'로 기도생활과 성령님을 모셔 들이는 것이고, 두 번째는 '성도들 사이의 관계'로 서로 사랑하며 책임을 지는 코이노니아, 그리고 이 두 가지가 실천되고 난 뒤에는 '세상과 크리스천의 관계' 즉 선교와 사회 정의를 실천하는 것입니다. 아처는 삶을 통해 이 세 가지를 증명해보고 싶어 했습니다.

나는 마음과 영혼으로는 아처와 함께 했습니다. 그러나 물질적인 면에 있어서는 어땠을까요? 나도 아처처럼 담대할 수 있었을까요? 또한 이 불확실한 프로젝트에 나의 미래를 다 던질 수 있었을까요?

한번은 막내 딸 버니가 자신의 엄마 아빠가 서로 얼마나 다른지에 대해 묻는 설문지에 답을 작성한 적이 있었습니다. 답변에서 아처는 두려움을 모르고 모험을 즐기며 아는 것이 많은 사람인 반면에 나는 겁이 많고 수줍음을 많이 타며 남 앞에 나서기를 좋아하지 않는 것으로 나타났습니다. 아처의 조카 사위인 밥 반스가 가족생활에 대해 책을 쓴 적이 있는데 그 책에는 이렇게 적혀 있었습니다. "전혀 다른 성격의 두 사람이 만나 결혼하는 것은 축복이다. 두 사람은 서로를 보완해서 차이를 메우고, 다양한 관심사로 서로의 삶을 더 풍성하게 하기 때문이다."

그렇습니다. 결혼해서 아처와 함께 살면서 경험한 신나는 일들을 처녀였을 때 나는 상상도 하지 못했습니다. 새로운 것을 시도할 때마다 아처는 확신을 가지고 자신 있게 나가고 나는 머뭇거리며 뒤따라갔지만 결국은 그 일이 시도할 만한 가치가 있는 것으로 밝혀진 경우가 셀 수 없이 많았습니다. 조용히 집에 있기를 좋아하는 내가 남편과 함께 세계를 돌아다니고 심지어 강원도 산골짜기까지 왔을 때 아처와 아처의 믿음은 항상 나를 보호해주고 새로운 것을 보여주는 통로가 되었습니다.

이 모든 과정을 통해 내가 깨달은 것은 하나님의 약속은 진실로 우리를 고치시고 인도하시며 우리의 필요를 채워주신다는 것과 하나님께서는 성령을 통하여 우리를 진리 가운데로 인도하신다는 사실입니다. 또한 이러한 깨달음은 아처와 함께 했던 삶이 나로서는 내 한계를 벗어나 스스로 통제할 수 없어 결국 하나님께 내 삶을 맡겨드림으로써 하나님께서 완벽하고도 멋진 방법으로 이끄시는 것을 볼 수 있었기에 가능했습니다. 이 얼마나 보석과도 같은 깨달음입니까!

또한 그러한 깨달음이 있었기에 아처가 그의 상급을 받기

오래 전 아처가 건네준 사랑의 편지가 나를 울립니다

위해 하늘나라로 간 지금에도 나는 이곳 예수원 가족들과 함께 기쁘게 살아가고 있습니다. 물론 그가 몹시 그립습니다. 그의 미소, 그가 했던 사랑스런 장난, 그와 나눈 풍성한 대화, 하나님을 향한 그의 신뢰, 가족에 대한 보살핌과 보호 그리고 그 외 모든 것이 몹시도 그립습니다. 돌이켜 보면 그를 좀 더 격려해주고 도움이 될 수도 있었는데 그렇게 하지 못한 것 같아 마음이 아픕니다.

오래 전에 아처는 내게 사랑이 가득 담긴 메모를 보낸 적이 있습니다. 지금도 그 글을 읽을 때면 그 때의 감동이 되살아나 눈물이 납니다. 그 카드를 늘 옆에 두고 있는데 그가 가고 없는 지금 그 달콤한 사랑의 메시지를 나누려고 합니다.

"사랑하는 제인, 당신이 내게 어떤 의미인지를 말로 표현하려고 할 때마다 말로는 도저히 표현할 수 없음을 느낍니다. 해마다 나는 당신이 내게 그리고 주님께 얼마나 귀한 존재인가를 새롭게 깨달아 갑니다. 주님의 음성에 귀를 기울여 나와의 결혼을 결정해줘서 너무 고맙습니다.
또한 나와 함께 모든 것을 기도하고 성령께서 일을 행하시도록 그 분에게 길을 내어드리고 때로는 나의 고삐를 잡아

당겨서라도 주님을 기쁘게 하기 위해 최선을 다해 줘서 감사합니다. 그리고 내가 사람들을 가르칠 때 좋은 모범으로 보여줄 수 있는 아내가 되어 주어서 고맙습니다. 그리고 늘 다정한 아내가 되어 줘서 고마워요! 당신의 아처가."

오, 나로서는 지금도 이 과분한 칭찬을 들을 만한 사람이 되기를 진정으로 바랄 뿐입니다.

사랑과 열정의
아버지 아처

말과 행동 모두를 통해 주님께 영광을 돌리고자 애썼던 남편 아처 토레이는 주님과 늘 동행하는 삶을 살았습니다. 나 역시 긴장된 삶을 살아야했지만 아처와 같은 사람을 따라 산다는 것에 감사하였습니다. 우리 가족은 하나님을 위하여 더 큰 가족공동체를 이룬다는 소망을 갖고 하사미동 산

7번지에 도착하였습니다. 이 공동체를 통해 우리는 우리의 사역과 기도를 나누고 우리가 가진 것들을 다른 사람들과 나누고자 했습니다. 그리고 하나님께서 최고 경영자가 되시는 목적이 뚜렷한 기독교 공동체가 되고자 했고 하나님께서 촉구하시는 것은 무엇이건 아처가 선포할 수 있는 강단이 되고자 했습니다.

    물론 고난의 시간도 있었고 기적과도 같은 기쁜 날들이 있었습니다. 그러한 상황과 여건 속에서 외롭다고 느꼈던 적이 있었는가를 생각해봅니다. 결코 없었습니다. 심지어는 아처가 천국에 간 뒤에도 나는 외로움을 느끼지 않고 여전히 이곳에 살고 있으며 오히려 신실한 친구들과 함께 사람의 손길이 닿지 않은 아름다운 이 산에 우리 집이 있어 기뻐하고 있습니다.

    모세가 약속의 땅으로 들어가기 전, 하나님께서 그를 데려가신 것처럼 우리의 리더이며 남편이자 자녀들의 아버지였던 아처도 양목장이 청소년 캠프로, 회의장으로, 선교사 훈련 센터로 변화되는 그의 꿈이 이루어지기 전 하나님께서 데려가셨습니다. 이제 그 꿈은 우리 모두의 꿈이며 우리가 가야 하는 '약속의 땅'이 되었습니다. 그리고 우리는 이 꿈을 하나님께서 우리 마음에 심어주셨다고 믿습니다. 하나님의 가르치심과 그분의 신실하심을 경험하며 대자연속에 예수원을 이룬지 올해로 41년을 맞이한 가운데 곧 우리의 꿈이 펼쳐지고 실현될 수 있을 것 같습니다.

아처가 몹시 그립지만, 아처로 인해 우리 가족은 많은 사랑을 받고 있습니다. 아처의 책을 읽거나 그와의 상담을 통해 도움을 받고 혹은 아처의 삶을 통해 주님께로 가까이 인도되었거나 아처의 미소가 던져준 빛으로 영혼의 따스함을 느꼈던 이들을 기억합니다. 아처에게 사랑을 돌려주고 싶어도 이제는 그에게 사랑을 줄 수 없기 때문에 그들의 사랑을 아처 대신 우리가 받고 있는 것입니다. 우리 아이들도 어린 시절 아버지와 함께 살았고 탐구하는 그들의 성품이 형성된 이곳으로 세상 저 끝에서부터 다시 돌아오는 것 같습니다.

"아빠하면 뭐가 떠오르니?" 플브라이트 국비장학금 장학생으로 서울에서 한국문학을 전공하며 내 곁에 머무르고 있는 막내 버니에게 물었습니다. 버니는 바로 대답을 하였습니다. "아빠의 환한 미소와 내가 집에 돌아오면 언제나 기뻐하셨던 모습 그리고 모든 것을 흥미 있게 만드시는 아빠의 열정이요." 그리고 계속 말을 이었습니다.

"한번은 버스를 타러 언덕을 내려가던 길이었어요. 아빠가 옌시 언니와 제게 신데렐라 이야기를 해주셨어요. 그런데 그 이야기는 지금껏 내가 들었던 어떤 이야기보다 가장 자세하고 생생한 것이었어요. 심지어 신데렐라가 3일 밤 동안 왕자 앞에 나올 때 입었던 옷들에 대해서도 상세히 설명하셨지요. 아빠는 이야기해주시는 것을 정말로 즐기셨어요. 아빠의 어린 시절 이야기 특히 기숙사 시절, 장난치던 이야기들은 너무 재미있었어요.

그리고 아빠는 우리 주변에서 일어났던 일들을 모두 생생하게 묘사하셨어요. 산의 나무와 새들의 이름을 다 아셨죠. 거반 걸어 다니는 백과사전과 같으셨어요. 하지만 당신의 지식에 대해 자랑하지는 않으셨죠. 다만 정직하고 열정적인 호기심과 흥미가 넘치셨지요. 제가 묻는 질문에 하나라도 답을 하지 못하실 땐 마치 아빠 자신이 궁금하신 것 마냥 대답을 찾아내시려고 애쓰셨지요. 그리고 아빠는 고통에 대해 깊은 연민을 보이셨고 정의감이 강하셨어요.

우리가 여행에서 집으로 돌아오던 날, 버스 정류장에서 만난 예수원 형제의 아버지가 돌아가셨다는 말을 했을 때 보였던 아빠의 반응을 결코 잊을 수 없어요. 얼굴이 슬픔으로

버스를 타기 위해 걸어가는 동안 아빠는 재미난 이야기로 낸시와 버니를 즐겁게 해줍니다

가득 찬 아빠는 형제를 안고 그와 함께 울었어요. 그리고 아빠가 사람들에게 인기 없는 형제나 자매에게 얼마나 애정을 갖고 있었는지도 나는 알고 있어요.

아빠는 내가 재미난 이야기를 하면 진심으로 웃어주셨기 때문에 나는 내가 들은 이야기 중 기억나는 것은 무엇이든 아빠에게 전해주었지요. 한때는 아빠를 위해 신문에서 만화나 재미난 이야기를 스크랩북으로 만드는 것을 낙으로 삼고, 그것을 생일날 보내드렸었지요. 스크랩북을 받은 아빠의 모습을 볼 수는 없었지만 나는 아빠가 아주 많이 좋아하셨다는 것을 알 수 있었어요. 왜냐하면 아빠가 각 페이지 뒷면 빈 곳에 당신이 찾은 재미난 이야기들과 만화들을 보태셨더라고요.

아빠는 열정적이며 웃음도 많고 눈물도 많은 분이셨지만, 판단은 공정하고 객관적이셨어요. 아빠의 열린 마음과 새로운 사물에 대한 흥미와 모험심에는 존경심을 표할 뿐이에요. 아빠는 분명한 입장과 의견을 갖고 계셨지만 자신이 잘못되었다는 것을 발견하면 겸허히 바꾸시는 분이셨어요.

전화상으로 들려오는 아빠의 목소리는 힘이 넘쳐서 여든이 넘은 노인이라고는 믿기지 않을 정도였죠. 2001년에서 2002년 동안 아부다비에서 힘든 일에 적응해가며 문화적 충격을 겪고 있을 때 전화로 들려오는 아빠의 음성은 나에겐 큰 위안이었어요. 전화로 아빠와 나눈 마지막 대화는 내가 펜실베니아 주립 대학교 박사과정에 비교문학으로 합격했다는 것이었어요. 아빠는 몹시 기뻐하셨고 이후 얼마 지나지 않아 생일이나 크리스마스를 맞이한 것도 아닌데 여태껏 으레 보내신 금액보다 훨씬 많은 액수의 수표를 보내 주셨어요. 수표 구석에는 '성령님을 존경하며…'라는 글귀가 적혀 있었고요. 그러자 나는 그때가 교회절기상 성령 강림을 기리는 오순절임을 알았죠.

아빠는 오순절 주일에 쓰러지셨고, 8월초 세상을 떠나실 때까지 병원 중환자실에서 의식을 잃은 상태로 계셨지요. 내가 떠나야만 했던 전 날 밤, 서울에서 엄마와 함께 있었던 날을 기억하세요? 엄마랑 저는 병실에서 몇 분 동안 아빠와 함께 있었죠. 아빠는 내가 눈물을 흘리는 것을 알고 계시는 듯 했고 몸을 일으켜 세우려고 애를 쓰시면서 미소를 지으시거나 무슨 말을 하시려는 듯 입을 움직이셨어요. 아빠는 나를 위해 무언가를 하려 하셨지만 힘이 너무 없었고 정신만 간신히 있으셨어요. 결국 뒤로 쓰러지셨고 완전히 의식을 잃으셨죠. 아빠의 임종이 아주 가까이 왔다는 것을 모른 채 병실 문을 나선 나는 그 다음 주 다시 돌아와 아빠의 장례식을 맞이

했어요."

버니보다 세 살 많은 딸 옌시는 아처가 세상을 떠난 이후부터 죽 내 곁에 머무르면서 부족한 내 한국어 실력을 보충해 주고 예수원 사역의 많은 부분을 거들어주었습니다. 옌시에게도 "아빠에 대해 뭘 기억하는 것이 있니?"라고 물으면 옌시 역시 아주 긴 대답을 했을 것입니다. 사람들이 종종 "왜 결혼하지 않았느냐?"고 물으면 옌시는 "몇 번의 기회가 있었지만 아빠와 같은 사람을 만나지 못했다."고 말할 정도니까요.

옌시 보다 열세 살 위인 아들 벤 역시 행복한 여러 기억들을 많이 가지고 있습니다. 최근에 아들은 아버지와 함께 산길을 거닐면서 목청껏 노래를 불렀던 일을 이야기했습니다. 둘에게는 함께 배우고 부르던 가장 좋아하는 미국 민요가 있었습니다. 둘이 길을 거닐 때는 이 노래를 한국어로 바꾸어 불렀습니다.

벤은 아처를 기념하는 '하늘에서 온 편지'라는 제목의 음악회에서 서울 모테트 성가대가 이 노래를 부르는 것을 듣고 깊은 감동을 받았습니다. 아들은 "핀이 떨어지는 소리조차 들릴 정도의 정막이 흐르는 홀에서 숨이 막힐 듯 한 클라리넷 소리를 아직도 기억한다."고 했습니다. 나는 첼로 소리를 기억합니다. 우리 모두는 성가대가 영어로 찬양한 다음 한국어로 찬양할 때에 어우러지던 아름다운 소리를 기억하고 있습니다. 노래는 이렇게 시작합니다. "나 비록 이 험한 세상을 지나가는 가진 것 없는 나그네이지만 내가 가는 저 아름다운 세상에는 슬픔이나 고통이 없는 안전한 곳이라네."

지금 아처는 아름다운 세상에 가 있습니다. 하지만, 아처가 이곳에서 시작한 사역의 일부를 하나님께서는 우리를 통해 계속하게 하시며, 우리는 그 하나님으로 인해 기뻐하고 있습니다.

그들의
영원한 아버지

1월 19일은 남편, 아처의 생일이었습니다. 이제 그는 이곳 예수원에서 생일 케이크 촛불을 끌 수 없기 때문에, 케이크는 준비되지 않았습니다. 하지만, 우리는 하루 종일 아처를 생각하지 않을 수 없었습니다. 옌시는 아버지가 세상을 떠난 이후 이날 행사를 위해 그동안 내 곁에 있었습니다.

아침 예배 때 수 자매가 세 개의 성경본문을 중심으로 말씀을 전했습니다. 그것은 하나님께서 소년 사무엘을 부르신 것(삼상 3:10), 하나님께서 어머니의 태에서 우리를 부르신 것(시 139:13~14), 또 예수님께서 나다나엘을 부르신 것에 관한 것이었습니다(요 1:50).

설교 중 갑자기 수 자매가 말했습니다. "다 같이 몇 분간 대 신부님의 생애와 하나님께서 신부님을 예수원으로 부르신 일을 깊이 묵상해봅시다." 눈을 감은 채, 우리들은 아처를 생각했습니다. 그의 미소, 그의 자유 했던 영혼, 그를 이곳 예수원으로 불러 예수원을 그리스도인의 삶의 체험장으로 만들게 하신 주님께 대한 그의 헌신을 생각해 보았습니다.

사실 이러한 묵상은 지난 추수감사절 모임 때부터 시작되었습니다. 마침 그때 모나(장지애) 자매가 가야금을 가지고 왔었습니다. 모나 자매는 아처가 "요한계시록 21장 26절에 보면, 세상 사람들은 전능하신 하나님과 어린양 앞에 만국의 영광과 존귀를 가지고 들어가게 되어 있습니다. 우리에게 이같이 아름다운 한국 고유의 민속 가락이 있는데, 어떻게 외국의 노래를 부르며 하나님께 나갈 수 있겠습니까?"라고 했다면서 우리에게 그 놀라운 한국의 전통악기를 들려주기 위해 오랫동안 연습해왔다고 했습니다. 아처가 가장 좋아한 한국 민속조의 찬송은 '주께서 왕이시라(Jesus is King)'였습니다.

모나 자매가 연주할 때 우리 모두는 마음의 눈으로 아처를 보고 있었습니다. 아처는 이 음악이 나올 때면 너무 좋아서, 그만 팔을 흔들며 자리에서 일어나 우리가 노래를 마칠 때까지 춤을 추곤 하였습니다.

그렇게 모두들 아처를 마음속에 그리고 있을 때 "대천덕 신부님께서 좋아하는 음식이 무엇이었죠?"라는 살로메(성정란) 자매의 질문이 있자 많은 사람들이 질문에 답을 했고 평소의 간소한 식탁이 아니라 고기 요리가 두 가지나 되는 잔치 상이 차려졌습니다. 우리는 아처가 하늘에서 우리가 음식을 맛있게 즐기는 것을 기쁘게 바라보고 있을 것이라고 믿었습니다.

저녁때 우리는 지금은 도서실이 된 거실에 모여 가장 오래된 필름을 보았습니다. 1991년 아처가 방문객으로 찾아온 불교신자 정채봉 씨와 예수원 주변을 돌면서 예수원에 대한 설명을 해주던 장면이었습니다. 아동작가인 정채봉 씨는 많

저길 봐요! 신부님이에요!

은 질문을 하였습니다.

"어떻게 해서 예수원을 시작하셨죠?"

"그 목적이 무엇입니까?

"왜 사람들이 찾아오지요?" 그의 질문은 계속되었고, 결국 그는 나에게도 질문을 하였습니다. "왜 대 신부님과 결혼하셨습니까?" 아처는 아주 기쁘게 말했습니다. "하나님께서 우리를 이곳으로 이끄셨고, 우리로 하여금 계속 이 길을 가게 하셨습니다."

그 후 얼마 있지 않아 정채봉 씨는 그리스도인이 되었고, 그리고 얼마 후 하늘의 부르심을 받았습니다. 아마 아처와 정채봉 씨 두 사람은 지금 하늘에서 서로의 생각들을 나누고 있을 것입니다.

기록 영화가 끝나자, 예수원 가족들은 서로 느낀 점들을 나누었습니다. 그 시간, 옌시와 나는 아처가 버니와 벤과 옌시에게 뿐 아니라, 예수원의 많은 사람들에게도 좋은 아버지였다는 것을 깨달을 수 있었습니다.

토파즈(박경옥) 자매가 제일 먼저 입을 열었습니다. 자매는 아처를 통해 자신이 얼마나 특별한 존재인가를 깨달을 수 있었으며 자신이 원할 때마다 아처가 기꺼이 시간을 내어준 것에 대해 이야기했습니다. 토파즈 자매가 예수원을 찾게 된 것은 삶의 쉼이 필요해 쉴 곳을 찾아서였습니다. 당시 그녀는 수녀가 되고자 했고 그런 상황에서 예수원을 찾아왔던 것입니다. 얼마 후 그녀는 아처에게 자신의 계획을 말했습니다. 그때 아처는 "안돼요."라면서 "왜냐하면, 자매와 결혼하고 싶어 하는 형제가 있기 때문입니다."라고 했습니다. 결국 아처의 이 말은 수녀가 되겠다던 그녀의 생각을 정리하게 했고 두 달 후 토파즈는 그녀와 결혼하고 싶어 한 탐과 결혼하였습니다.

이어 노암(김수미) 자매가 말했습니다. "신부님은 마치 제게 말씀하실 때 당신이 무슨 말을 해야 하는지 확실히 알고 계시다는 듯 말씀하셨어요. 제가 수녀가 되는 것에 대해 여쭙자, 두 말 없이 좋다고 말씀하셨죠. 그때 저는 신부님이 그저 저에게 친절하게 대하는 것이라고만 생각했었어요." 그 후 노암 자매는 수녀가 되었고 그녀의 부르심은 참된 것이었습니다.

기드온(신현민) 형제는 아처가 사람들을 부드럽게 대해주는 분이셨으며, 무엇에도 얽매이지 않는 진정 자유로운 분이었다고 회고했습니다. 한번은 예배 중 거룩한 침묵이 흐르는 중에, 단상 뒤에 있는 그림(이광혁 선생의 로고스)을 향해 돌아서서는 기쁨에 겨워 춤을 추기도 했고 오순절 주일이 석가탄신일과 같은 날이 되자 "석가모니, 생일 축하합니다."라는 말을 했다고 회상했습니다.

모나 자매는 유아원 교사로 있을 때, 아처의 설교 테이프를 듣고는 자신도 예수원에 가야 하는지 궁금해 했다고 하였습니다. 처음에 하나님께서는 '아니…'라고 하셨다고 합니다. 하지만, 5년 뒤 하나님께서 '이제는 예수원으로 가라.'고 하셔서 자매는 예수원에서 3개월간의 지원과정을 시작하였습니다. 그 후 또 5년이 지난 뒤 다시 하나님께 예수원에 머무르는 것에 대해 묻자 하나님께서 승낙하셨고 자매는 예수원에 들어오게 되었습니다.

한번은 모나 자매가 아처와 함께 여행을 하게 되었는데 그때 아처는 초코파이를 사야 할지 말아야 할지를 놓고 큰 시름에 잠겼다고 합니다. 결국 그는 하나님께서 초코파이를 사는 데 돈을 사용하는 것을 원치 않는다고 결정을 내렸는데 잠시 후 한 여인이 그에게 다가와 초코파이 하나를 주고 갔다고 합니다. 모나 자매는 이를 지켜보면서 두 가지 교훈을 배웠다고 합니다. 첫째, 선생으로서 자신이 얻은 소득을 지혜롭게 사용해야만 한다는 것과 둘째, 하나님께서는 우리가 자신만의 즐거움을 누리는 것을 마다할 때 상 주신다는 것.

또한 모나 자매는 예수원에 계속 머무를 것 같았던 형제나 자매들이 떠나버릴 때마다 아처가 가졌던 번민을 한번 곁에서 지켜본 적이 있다고 했습니다. 아처는 그때 이렇게 말했다고 합니다. "모두 가버렸어." 하지만 잠시 후 다시 말하길 "울어선 안 돼. 미소를 지어야 돼. 계속해서 하나님을 신뢰하면서 하나님의 때를 기다려야해."

솔로몬(이영철) 형제는 엘레강스 잡지에서 예수원에 대한 글을 읽고는 예수원이 어떤 곳인지 직접 가보아야겠다고 생각했다고 합니다. 한번은 그가 아처 옆에 앉아 "전 여기 온 지 10년이 되었는데, 아직 아무것도 한 것이 없어요."라고 하자, 아처는 이렇게 말해주었다고 합니다. "솔로몬, 너는 지금 내 우편에 앉아 있지 않니, 이것은 매우 중요한 일이란다." (물론 솔로몬 형제는 시간이 지나면서 농장 책임자, 평의회 의장, 장로 그리고 여러 다른 직책을 맡았습니다.)

주일 아침 성찬예배를 준비했던 채리티(전영애) 자매는 아처의 옷 입는 것을 도와주었는데, 한번은 그녀에게 이같이 말했다고 합니다. "아주 착한 며느리 같구나." 주일 아침이면 아처는 언제나 한복을 입었는데 어느 날 바지가 흘러내려 민

망한 그 순간에 그는 이렇게 말했다고 합니다. "우리가 진리의 띠(엡 6:14)를 두르지 않으면, 바로 이런 일이 생깁니다." 그는 살아생전 어떤 상황에서든 가르칠 수 있는 기회가 있으면 그 기회를 한번도 놓치지 않았으며, 그때마다 유머를 잃지 않았습니다.

요셉(권영규) 형제는 추모 행사를 마무리 지으면서 마지막으로 아처에 대한 자신의 회고를 나누었습니다. "오후 1시가 되면 신부님은 기도가 필요한 사람들에 대한 메모, 간구, 그리고 사진으로 두툼해진 기도 책을 가지고 나와서는 1시간 이상 주님께 매달리셨습니다. 그곳이 사무실이건, 멀리 떨어진 호텔이건 기차에서건 문제가 되지 않는다고 하셨죠."

나는 옌시에게 물었습니다. "아버지를 많은 사람들과 나누는 것이 싫지 않니?" "아니요."라면서 옌시가 덧붙였습니다. "그건 제게 그만큼 형제자매가 많다는 거잖아요."

하나님의 선물, 가족

하나님께서는 우리 모두를 가족이라는 울타리 가운데 있게 하셨습니다. 그리고 부모와 자녀들이 함께 가정을 이루는 것은 얼마나 귀한 일인지 모릅니다. 가정을 이루는 일은 '인간으로서 자연스러운 일'이며 '질서정연한 삶을 이루는 기초'가 되며 '문화의 본질'이고 '창조적 행위를 위한 도약판'이 되고 '문명의 요람'이라고 할 수 있습니다.

    가족 구성원들에게는 저마다 명확하고도 소중한 역할이 있으며 가족 안에 속해 있는 각 사람들은 다른 가족 구성원들로부터 사랑을 받을 만한 충분한 가치가 있습니다. 지혜의 주이신 창조주 하나님께서는 그 분의 형상을 따라 사람을 지으셔서 사람들로 그분의 생각과 그분의 사랑 그리고 그분의 영을 닮도록 하셨습니다. 사람이 하나님의 형상으로 지음 받아 그분의 생각과 사랑, 영을 닮았다는 사실은 각 사람 안에서 그리고 각 가정 안에서 확연히 드러납니다. 또한 가족 간의 관계는 성부 하나님, 성자 하나님 그리고 성령 하나님, 이 삼위일체의 관계와 교제 가운데 이뤄지는 코이노니아와 같은 것입니다.

    물론 각 가정은 가정을 훼파하려는 사단의 공격으로 해체될 수도 있고, 하나님이 계획하신 본래적인 가정의 모습에 대한 이해조차 없을 수 있습니다. 그러나 하나님에 의해 확립된 가족 사랑의 원리는 지속적으로 회복되고, 재건되고, 재확립되고, 재창조되고, 치유되어오고 있습니다.

    남편과 아내가 이혼법정을 뛰쳐나와 다시 하나로 회복되거나, 탕자와 같던 아들이나 딸이 방황을 끝내고 변화되어 가족 품으로 돌아가는 것을 볼 때 얼마나 기쁘고 감사한지 모릅니다. 하나님께서 기도하는 하나님의 사람들을 통해 일하시고 그리고 환난 가운데서도 진정한 승리를 이루시는 당신의 법칙을 통해 일하고 계시기 때문에 우리는 가정들이 점점 더 견고해지는 것을 볼 수 있습니다.

예수원에서 우리 토레이 식구들은 여전히 한 가족으로 든든합니다. 그러나 우리는 하나님께서 우리를 통해 하나님의 사랑과 섬김 안에서 하나 된 형제와 자매들이 있는 하나님의 대가족으로 세워 가시기를 소원하였습니다.

우리가 꿈꾼 것은 초대 교회의 모습이었습니다. 사도행전 4장 32~34절은 그리스도인들이 어떻게 한 마음과 한 뜻으로 그들이 가진 모든 것을 나누었는지를 말해주고 있습니다. 그들 중에는 궁핍한 사람이 하나도 없었고 하나 됨으로 인해 초대교회에는 굉장한 능력이 나타났습니다.

우리는 초대교회와 같은 동일한 일을 보기를 소원했습니다. 우리가 가야할 길은 멀지만 하나님께서는 계속 우리가 그 길을 걸어가기를 원하신다고 믿고 그 길을 걸으며 그 과정에서 우리는 또한 계속 배워나갈 것입니다.

한 청년이 우리와 함께 한 달가량 머무르기 위하여 왔습니다. 스위스로부터 온 그는 일을 아주 잘 하는 청년으로 예수원의 전기 시스템을 개선해주었으며 우리의 활동에도 열심히 참여했습니다. 그는 그의 어린 시절, 부모님이 여행객들을 위한 작은 베드 앤드 브렉퍼스트(Bed & Breakfast:아침 식사를 제공하는 작고 아늑한 숙박업)를 운영했던 이야기를 해주었습니다. 나는 그 이야기를 들으며 '와, 멋진데' 라고 생각했습니다.

그러나 그는 "형과 저는 너무 싫었습니다. 왜냐하면 부모님은 손님들 때문에 너무 바빠서 저희 형제와 함께 할 시간이 전혀 없으셨기 때문입니다."라고 했습니다. 그때 저는 '아차!' 싶은 생각이 들었습니다. 그 일은 우리 역시 주의 깊게 새겨들어야 했는데. 왜냐하면 그 같은 일이 이곳에서도 일어날 수 있었기 때문입니다.

아처와 나는 우리가 우리 아이들보다 예수원을 찾는 손님들이나 예수원의 공동체 식구들에게 더 많은 관심을 기울인다면 우리 아이들이 스위스에서 온 청년처럼 상처를 안고 자랄 것이라는 것을 알았습니다. 우리 아이들은 일찍이 공동체의 소중한 일부가 되어 대가족 내의 많은 형제자매들 그리고 수많은 아줌마와 아저씨를 두었기 때문에 아이들이 소외감 같은 것을 느꼈으리라고는 생각하지 않습니다. 우리 부부는 많은 일에 대해서 우리의 확신을 아이들과 나누었고 어려움에 처했을 때는 아이들로 우리를 도울 수 있도록 했기 때문에 우리 아이들은 예수원이 자신들의 집이며 하나님을 위해 자신들이 사역을 하는 곳으로 여겼습니다.

그럼에도 우리는 특별히 시간을 내어 아이들과 함께 했습니다. 매일 저녁 식사 후 40분 동안 아이들에게 이야기책을 읽어주는 시간을 가졌던 것이 그것입니다. 톨킨의 〈호빗시리즈〉, C.S. 루이스의 〈나니아연대기〉, 로라 잉걸스의 〈초원의 집〉, 루시 몽고메리의 〈빨강머리 앤〉, 프란스시 호손 버넷의 〈비밀의 화원〉과 그 밖의 흥미진진한 읽을거리들이 많이 있었으니까요.

아처는 그만의 아주 독특한 방식으로 책 속의 이야기가 마치 현재 벌어지고 있는 일처럼 생생하게 읽어주었고 그렇게 하나씩 하나씩 거의 모든 책을 읽어나갔던 것 같습니다. 몇몇 공상 작품들의 경우 나로서는 이해하기 어려운 것도 있었지만 여섯 살과 아홉 살 나이의 버니와 옌시에게는 이해하는데 전혀 어려움이 없어 보였습니다.

나는 〈초원의 집〉이야기가 무척 흥미로웠는데 로라 잉걸스가 겪은 역경이 우리가 예수원을 개척하며 겪었던 수고와 쉽게 비교가 되었기 때문입니다. 물론 〈나니아연대기〉에서 C.S.루이스가 복음을 설명하기 위해 사용한 비유 역시 흥미로웠습니다. 이것이 우리에게 얼마나 축복이 되었는지요. 그리고 어린이도서의 수작인 〈비밀의 화원〉은 읽혀지고 또 읽혀졌습니다.

이야기 시간은 식사나 기도 시간을 알리는 종소리만큼이나 빠지는 법이 없었습니다. 아빠인 아처와 엄마인 내가 늘 그 시간 함께 했고 아이들에게도 그 시간이 특별한 시간이었던 만큼 옌시와 버니 그리고 그 친구들도 늘 상 함께 했습니다. 재미있는 것은 어른들도 그 이야기 시간에 함께 하기 시작했다는 것입니다. 그리고 날씨가 기가 막히게 좋은 날 아이들은 밖에서 노는 재미에 빠져 이야기 시간을 빼먹곤 했지만 이야기세계에 빠지기 시작한 어른들은 그 시간을 한번도 빼먹지 않았습니다. 지금 생각하니 그 시간이 우리에겐 함께 했던 소중한 시간이었습니다. 그 당시 큰아들 벤은 학업 때문에 미국에 가 있었습니다. 한번은 집에 잠깐 들른 적이 있었는데 그 때 그 애가 한 일이 무엇인지 아십니까? 여동생들에게 이야기책을 읽어준 것이었습니다.

세월이 흘러 옌시와 버니도 나이를 먹으면서 이야기 시간

저녁식사 후 가졌던 이야기 시간

에 더 이상 흥미를 갖지 않는 듯 했습니다. 우리 가족은 예수원의 좀 더 큰 거처로 옮겨갔습니다. 삶은 바쁘게 돌아갔고 우리는 각자의 생활에 바빠 서로에게 소원해지는 듯 해보였습니다. 십대는 많은 변화와 위험에 노출되어있는 시기입니다. 이때 부모와 마음을 터놓고 이야기 할 수 없다면 십대들은 외로움을 느끼고 바람직하지 않은 방법으로 해답과 위안을 찾으려고 할 지 모릅니다. 이때 우리가 할 수 있었던 것은 무엇이었을까요?

다행스럽게도 미국에 있는 가족으로부터 온 선물이 있었습니다. 그것은 우리의 새로운 거처에 맞는 프랭클린 난로였습니다. 우리는 그것을 마치 벽난로처럼 굴뚝과 함께 설치했습니다. 남자 형제들은 나무를 베어 집 한 쪽에 쌓아 두었고 날씨가 추워지면 따뜻하게 불을 피웠습니다.

난로는 우리 가족이 함께 모이는 집결지가 되었습니다. 따뜻한 난로와 밝은 빛은 우리 가족들을 모이게 했고 그래서 예수원에서의 쉬는 시간 특히 티타임(차 마시는 시간)이 되면 우리는 불가에 모여 서로의 생각과 꿈을 나누었습니다. 4시 티타임은 예전의 이야기 시간처럼 되었고 우리는 다시 한 가족임을 확인할 수 있었습니다. 돌아보면 이렇게 함께 했던 시간들이 우리에게 얼마나 큰 축복이었는지요! 그 시간들로 우리 모두는 하나님의 큰 복을 누릴 수 있었습니다.

　여동생들보다 열세 살, 열여섯 살 더 많은 벤이 집에 잠시 들렀을 때 우리는 좀 긴장했습니다. 아직 부모의 손길이 필요한 여자아이들에게 하듯 벤도 꼼꼼하게 챙겨주어야 하는 것이 아닌지 싶어서 말입니다. 하지만 그것은 기우였습니다. 벤은 10대 초반에 이미 자신을 개척자라고 여겼습니다. 남자들과 천막에서 지내면서, 나무를 베고, 바위와 모래를 운반하고, 배추에 줄 물을 길어 나르고, 산에 길을 내고 불을 지펴 음식을 만들며 보이스카웃에서 배운 기본적이고 실용적인 온갖 지식들을 활용했습니다.

　벤은 예수원 캠프 생활을 너무 재미있어 한 나머지 내가 탄 비행기가 연착되어 서울에서 며칠 더 묶어야 하는 것조차 참지 못했습니다. 결국 그는 아빠에게 양해를 구하고는 캠프로 돌아갔습니다. 그는 자립심이 강했고 독립적이었습니다.

　일전에 벤이 예수원을 찾았을 때 하나님 아버지께서는 우리를 위해 특별한 일을 마련해놓고 계셨습니다. 예수원 최초의 성령세미나를 계획해 놓으셨던 것입니다. 그 후 성령세미나는 50회 이상 계속되고 있습니다. 그 성령세미나에서 우리는 성경말씀을 깊이 공부하며 우리에게 성령의 능력을 부어

주셔서 하나님의 사역을 감당케 하시는 하나님 아버지의 계획에 대해 배우게 되었습니다.

우리는 우리에게 있는 상처와 두려움 그리고 축복에 대해 나누고 서로를 위해 기도하며 치유를 돕기 위해 소그룹으로 모였습니다. 같은 조에 속했던 벤과 우리가 아주 깊은 부분까지 나누었을 때 우리는 눈물로 서로를 안아주었고 우리 안에 서로에 대한 새로운 이해가 생겨났습니다. 하나님께서 바로 우리에게 임하셔서 우리 안의 친밀감을 방해하는 불순물을 태워버리셨고 우리 마음을 불붙도록 하셨습니다. 하나 된 가족은 하나님의 선물입니다.

완벽한 계획을
갖고 계신 하나님

엄마가 딸의 장래에 대해 관심을 갖는 것은 아주 자연스러운 일입니다. 간혹 이런 관심이 지나쳐 엄마는 언제 어떤 사람과 결혼하라면서 딸을 다그칠 수 있습니다. 엄마는 딸에게 부유하고 사회적으로도 중요한 남편을 골라주는 것이 자신의 의무라고 믿고 있는지도 모르겠습니다. 그리고 그 딸은 혹은 아들일 수도 있고 부모의 결정을 따르는 것이 자신의 의무라고 생각할는지 모르겠습니다. 무엇이 잘못된 일인가요?

우리의 딸과 아들에게 생명을 주신 분은 창조주 하나님이십니다. 그리고 그 하나님은 우리 피조물에 대해 완벽한 미래를 갖고 계십니다. 우리를 향한 하나님의 모든 계획 중 최고의 것이 성취되기 위해서는 두 가지가 꼭 필요합니다. 하나는 부모가 가정에서 훌륭한 본보기를 보이는 것이고 또 하나는 자신의 아들과 딸을 위한 부모의 뜨거운 기도입니다.

지금 내가 삶에 있어서나 영적인 면에 있어서 만족을 느끼는 것은 부모님의 기도와 어릴 때 함께 산 적이 있는 사랑하는 이모의 기도 결과라고 나는 믿고 있습니다. 어렸을 때 반복적으로 같은 꿈을 꾸곤 했는데 이를 통해 하나님은 나에게 결혼을 서두르지 말라는 것을 가르쳐주셨습니다. 그리고 이 꿈은 기도를 통해 하나님께서 나를 이끄신다는 것을 확신케 해주었습니다.

꿈에서 나는 내 자신이 몹시 불확실한 가운데 신부 옷을 입고 교회의 긴 통로를 따라 내려가며 이렇게 말하고 있었습니다. "도대체 어떻게 여기서 벗어날 수 있을까?" 그리고는 항상 통로 끝에서 기다리고 있는 사람을 보기 바로 직전에 잠에서 깨어나 '꿈이었구나' 하며 감사하였습니다. 그리고 그 때마다 나에게 맞지 않는 사람과 결혼하지 않기 위해 주의해야 한다는 것을 깨달았습니다.

나는 하나님께서 내게 원하신다고 여겨지는 것들만을 했습니다. 그래서 학교와 교회에서 크리스천으로 적극적으로 활동했고, 제2차 세계대전 동안에는 어려운 이들을 도왔으며 뉴욕에서는 미술을 공부하였고, 3년 간 학교에서 가르쳤습니다. 시간이 흘러 많은 친구들이 결혼을 했습니다. 나는 미혼이었지만 조금도 염려하지 않았습니다.

1940년 어느 날 성경학교 여름 총회에서 뒷줄에 앉아있을 때였습니다. 선생님이 질문을 하자 바로 옆에 있던 누군가가 답을 말했습니다. 그는 큰 키에 머리칼이 검고 수염이 덥수룩한 젊은 청년이었습니다. 그리고 바로 그 청년이 다음 전체 모임에서는 면도를 한 깔끔한 모습을 하고 사람들 앞에 소개되었습니다.

그는 프린스턴 신학대학에서 온 하계 청년 사역자인 '아처 토레이'였습니다. 내가 처음 그를 만난 것은 그때였지만 그가 나를 본 것은 한 달이 지나서였습니다. 우리 교회에서 고등학교와 대학 졸업자들을 위한 파티가 열렸는데 그 때 그 청년 사역자가 초청된 것입니다. 저녁 끝 무렵 파티 주최자인 미스 맷슨이 이렇게 말하였습니다. "오늘은 너무 늦어 설거지를 할 수 없겠네요. 내일 다시 올 수 있는 사람은 우리와 함께 부엌을 청소합시다." 나는 다음 날 설거지를 하기 위해 5마일을 오빠 자전거를 타고 갔습니다. 부엌에는 미스 맷슨이 있었고 그 외에 단 한 명 아처 토레이가 있었습니다. 그때가 나를 처음 만난 때라고 그는 말했습니다.

내가 미술을 전공한다고 하자 그는 나를 초대하여 자신의 화가 친구들을 만나도록 해주었습니다. 대화는 주로 정치와 세계정세에 관한 것들이어서 나는 '도대체 내가 여기 왜 와 있나?' 하는 생각이 들기까지 했습니다. 그 만남 후에 몇 번 그와 통화할 기회가 있었습니다. 그 때 나는 "지난주일 우리 교회에서 설교하셨죠. 당신의 설교로 즐거웠어요" 라고 말했습니다. 그는 이렇게 대답했습니다. "이런! 즐기라고 한 설교가 아닌데요. 약이 되라고 한 설교였습니다."

그는 많은 것에 확신이 있어 보였습니다. 사람들은 확고하게 자신의 주장을 피력하고 풍부하게 예화를 사용하는 그의 이야기에 귀 기울이며 때로는 놀라고 때로는 만족해했습니다. 나도 그에게 호감을 갖게 되었는데 이유는 무엇보다 그의 높은 인생 목표 때문이었습니다. 나는 그를 영적인 조언자로 생각할 수는 있었지만 그렇게 평범하지 않은 사람과 결혼한다는 것은 상상할 수도 없는 일이었습니다. 그 후 일 년, 한 차례 전쟁을 치르며 대서양을 오가는 그를 몇 번 볼 수 있었고, 편지는 일 년에 한두 번 주고받은 것 같습니다.

그는 나와 미래에 대한 어떠한 약속도 나누지 않은 상황에서 편지에 이렇게 적었습니다. "우리가 결혼하면, 티벳에 가서 천막에서 살며 유목민을 따라 다니고…." 나는 당황할 수밖에 없었습니다. 그는 나에게 한번도 이런 식의 말을 한 적도 없었고 게다가 누가 유목민을 따라 다니며 천막에서 살기를 원한단 말입니까? 나는 내 느낌을 편지에 충분히 적어 답을 보내었습니다. 그가 다시 답장을 보냈습니다. "예, 좋아요. 당신은 단지 친구 중 한 명입니다." 우리의 우정은 그렇게 더 이상의 진척 없이 몇 년 더 지속되었습니다.

1947년 봄, 나는 아처의 친구 어윈으로부터 편지를 받았습니다. 어윈과 아처가 신학교를 함께 마치고 서로 인근 교회에 배치되었으며 성공회 여름 캠프에서 함께 사역하기로 되었다는 것이었습니다. 그 캠프가 아름다운 죠지아주 성 시몬 섬에서 열리는데 나에게 와서 2주일 간 캠프 미술교사로

제인이 나를 선택하기까지 그녀를 기다렸습니다

우리의 딸과 아들에게 생명을 주신 분은
창조주 하나님이십니다
그리고 그 하나님은 우리 피조물에 대해
완벽한 미래를 갖고 계십니다

일해 줄 수 없냐고 물었습니다.

장로교인인 내가 성공회 캠프에 가도 되는지 조금은 고민이 되었습니다. 또 아처가 티벳에 가서 천막에서 살자는 이야기를 꺼내면 어쩌나 하는 걱정도 있었습니다. 하지만 내가 좋아하는 그 곳에서 그림을 그릴 수 있다는 생각에 나는 아처가 그곳에 온다 할지라도 가야겠다고 결심했습니다.

나는 몇 날을 쉬지 않고 태양과 하늘과 모래언덕과 종려나무와 이끼 낀 떡갈나무를 그리며 무척 즐거웠습니다. 하지만 아처가 찾아와 친구로부터 온 편지를 보여주었을 때는 화가 났습니다. 편지에는 이렇게 적혀 있었습니다. "만일 제인이 너를 위한 사람이라면 그녀에게 말해보지 그래?"

아처와 어윈은 매일 아이들에게 성경 드라마를 보여주었습니다. 하루는 아처가 호세아 선지자 역을 맡아 아내 고멜에 대해 불평하는 부분을 연기하고 있었습니다. 그런데 이상하게도 바로 그 순간 나는 시간이 멈춰진 것 같았습니다. 하나님께서 아처에 대한 사랑으로 세례를 주셨기 때문입니다. 도저히 믿을 수 없는 일이었습니다. 전혀 기대조차 하지 않았기 때문입니다. 하지만 그것은 사실이었고 내가 그때까지 경험했던 그 무엇보다 생생했습니다. 이 사실을 어떻게 그에게 전할 수 있을까?

다음날 그는 나에게 다른 친구로부터 온 또 다른 편지를 보여주었습니다. "만일 제인이…" 이번에는 화가 나지 않았습니다. 나는 캠프가 끝난 후 그가 사는 동네를 방문하여 톰슨 부인 댁에서 머물며 그가 사역하는 두 교회를 방문하기로 하였습니다.

주일 아침 나는 그의 교회에 갔습니다. 오후에 그는 나를 데리고 나가 교구 식구들을 만나게 해 주었습니다. 그리고 캠프의 미술교사였기 때문에 내가 그의 초상화를 그려 준다고 하면 그다지 이상하게 여겨지지 않을 듯해서 다음 날 나는 미술 도구를 챙겨 그에게 갔습니다.

초상화를 위해 포즈를 잡고 있는 것이 약간은 시간 낭비 같아서 내가 그의 그림을 그리는 동안 그는 책상에 앉아 사무를 보았습니다. 한 시간 반이 지났을 즈음, 그는 매우 분주한 듯 보였고 나도 나대로 마음이 심란해져서 붓을 내려놓으며 말했습니다.

"더 이상 그릴 수 없어요." "무슨 일이에요?" 나는 모기만 한 소리로 말했습니다. "당신을 사랑해요." 그런데 그가 자리에서 벌떡 일어나더니 "차를 타고 나갑시다."라는 것이었습니다. 우리는 차를 몰아 아름다운 숲 공원으로 가서 약혼을 하였습니다.

며칠 후, 내가 부모님께 말씀드리려 하는데 부모님께서는 이미 모든 것을 알고 계셨습니다. 아처가 이미 부모님께 편지와 '그녀가 나를 잡을 때까지 그녀를 쫓으라' 라는 장문의 시를 보냈던 것입니다. 그렇게 일 년이 지나고 우리는 결혼을 하였습니다.

벌써 59년이 지났지만 아직도 아처에 대한 사랑의 마음은 마치 처음처럼 생생합니다. 그 사랑의 힘이 어릴 적 꿈꾸던 멋진 도시가 아닌 티벳이라도 기꺼이 그를 따라 가도록 하였습니다. 물론 우리는 티벳이 아니라 하사미동 산7번지로 향했고 예수원을 지었습니다.

오직 하나님만이 이 놀라운 일을 내게 행하실 수 있으셨고 하나님은 나뿐 아니라 당신의 자녀들을 위해 놀라운 일을 행하실 것입니다. 그분으로 하여금 그 놀라운 일을 행하시도록 자리를 내어드린다면 말입니다.

벤, 아버지의
사역을 이어받다

"이 다음에 어른이 되면, 나는 중국, 일본, 한국 그리고 전 세계를 다니며 복음을 전하는 선교사가 될 거예요." 미국의 시드니 커렐 박사가 아처가 시무하던 교회를 방문했을 당시 여섯 살이었던 벤이 한 말입니다. 연합세계선교회 회장이었던 커렐 박사는 감명 깊은 설교와 함께 자신이 제작한 영화를 보여주면서 사람들로 하여금 선교를 위해 기도하고 또 선교를 하러 나가도록 도전을 주었습니다.

그리고 몇 달이 지난 뒤 아처가 벤에게 물었습니다. "너 이 다음에 크면 외국에 나가서 선교사가 되고 싶다고 말한 것 기억나니?" "그럼요." 벤은 잊지 않고 있었습니다. "벤, 굳이 어른이 될 때까지 기다릴 필요는 없단다. 지금 당장 할 수 있어." 아처의 말에 심각해진 벤이 물었습니다. "그럼, 누가 저랑 같이 가죠?" 그러자 아처가 "엄마하고 아빠가 너와 함께 갈 거란다." 라고 말해주었습니다. 그리고 그 말대로 되었습니다.

벤이 일곱 살 되었을 때, 아처와 나는 한국으로 가는 '애파운드리아' 호에 몸을 싣고 21일간을 항해하였습니다. 그것은 우리의 선교인 한편 벤의 선교이기도 하였습니다. 벤은 모든 것을 하나님께 의탁하며 하나님께서 이끄시는 곳으로 가고 있었습니다.

한국에 온 다음 날부터 힘든 모험이 시작되었습니다. 벤과 나는 의수·의족 프로젝트(팔과 다리가 잘라져나간 사람들을 돕는 사역)를 진행하고 계신 시부모님을 방문하러 대전으로 가는 열차에 올랐습니다. '대전'이라는 방송을 할 때 내

선상에서 자신들의 제2의 고향이 될 땅을 바라보고 있는 아처와 벤

려야 한다는 것 외에 우리는 아무것도 몰랐습니다. 이상하게도 역에는 마중 나온 사람이 아무도 없었습니다. 외국 여인과 금발의 어린 소년은 다른 사람에게 호기심을 불러일으키기 충분한 대상이었습니다. 우리는 사람들에게 둘러싸이게 되었고 아이들에게 거의 짓눌릴 뻔하였습니다. 어떻게 해야 할지 모르는 채, 우리는 꼼짝도 못하고 한참을 서 있었습니다.

마침내 한 남자가 나타나 영어로 물었습니다. "어디로 가시는 중입니까?" "토레이 박사님이요." 나는 이 말밖에 할 수 없었습니다. 그는 전혀 모르겠다는 표정이었습니다. 그때 한 소년이 나타나 토레이 박사님을 안다고 하였고 우리는 그 소년을 따라갈 수밖에 없었습니다. 남자는 우리가 택시 타는 것을 도와주었고, 소년은 앞서서 자전거를 타고 가며 상당히 먼 거리인 벤의 할아버지 집까지 택시를 인도해주었습니다.

그런데 택시비를 지불해야 하는 데서 또 다른 문제가 생기고 말았습니다. 집에 시부모님께서 계시지 않았던 것입니다. 문을 두드리자 한 여인이 당황한 모습으로 나타났습니다. 그러나 이내 곧 미소를 지어 보이는 그 분을 보며 나는 '이분이 집안일을 돕고 계신 김 씨구나.'라고 생각하고는 시부모님께서 보내주신 그녀의 사진을 보여주었습니다. 어쨌

든 김 씨 아주머니는 택시 기사와 이야기를 나누더니 택시비를 지불해주었습니다. 그러자 곧바로 시부모님께서 차를 타고 나타나셨습니다. 시부모님께서는 우리가 다음날 오는 줄 알고 계셨던 것입니다.

한국에서 첫 일곱 해 동안 우리 부부는 성공회 신학교에서 가르치는 사역을 하며, 학교를 다녔는데 벤은 초등학교에 우리 부부는 어학당에 다녔습니다. 우리가 받은 훈련 중 하나는 영국에서 일 년을 보내는 것이었습니다. 이때 벤은 영국인 가정에서 살면서 요크셔 민스터 노래학교에 다녔습니다. 한국으로 돌아오자, 벤이 새로 배운 요크셔 발음 영어는 매일 시내까지 가는 먼 기차 통학 길에서 신학교 학생들과 대화를 나누는 동안 한국어로 바뀌게 되었습니다.

이후 우리 가족 앞에는 다른 새로운 모험이 기다리고 있었습니다. 예수원이 바로 그것이었습니다. 벤은 아버지를 따라 한반도를 오르내리며 장소를 찾아 나갔습니다. 결국 하사미동 산7번지로 인도함을 받은 두 부자는 그곳에 커다란 군용천막을 치고는 몇 명의 자원자들과 함께 7개월을 살았습니다.

이전에 서울에서 살 때 보이스카우트 단원이었던 벤은

'외로운 별' 소년대 정찰병으로서 정찰임무를 수행하였고, 그곳에서의 삶이 흥미진진한 모험이 될 것이라는 것을 알았습니다. 그 생활에 흠뻑 빠진 나머지 벤은 비행기 연착으로 늦어진 나를 서울의 공항에서 마중하기 위해 하루도 더 기다리려 하지 않았습니다. 서울에서 기다렸다 나를 만나는 대신 벤은 캠프로 급히 되돌아갈 정도였습니다.

종종 벤의 보이스카우트 친구들이 그를 따라 예수원으로 오곤 했습니다. 예수원 개척의 힘든 삶을 경험하기 위해서였습니다. 어떤 때는 벤이 친구들에게 강에서 외나무다리 건너는 것을 보여주었는데 간혹 물에 빠져 온몸과 배낭이 물에 흠뻑 젖은 벤 때문에 온통 웃음바다가 된 적도 있었습니다.

그리스도 공동체를 새롭게 세우는 것은 쉬운 일이 아닙니다. 때문에 첫 4년 동안 우리와 함께 있었던 벤에게 무한한 신뢰를 보냅니다.

십대 소년들의 경우 대부분 학교에 다닙니다. 하지만, 벤의 학교는 다른 학생들이 다니는 학교와 달랐습니다. 그의 방, 작은 램프 아래 벤은 시카고의 미국학교(고등학교 통신과정)에서 온 교과서들을 쌓아놓았습니다. 벤은 책을 통해 공부했고 시험답안지와 발제물들을 미국에 있는 학교 본부에 보냈습니다. 학교에서는 그의 과제물을 평가해서 돌려주었습니다.

이런 과정이 수년 간 지속되었지만 참된 학습과정은 벤이 아버지, 아쳐와 함께 야영을 하면서 이루어졌다고 생각합니다. 벤이 질문을 하면 아쳐는 그 질문에 충분하게 답해주곤 했습니다. 질문의 주제는 다양하였고, 대화는 항상 흥미진진하였으며 시간이 얼마나 걸리는가는 문제가 되지 않았습니다. 그 모습을 지켜보던 나로서는 '부자간에 무슨 말을 저렇게 주고받는 것일까?' 라며 의아해 하곤 했습니다.

아버지와 함께 그리고 아버지 곁에서 진행된 이러한 학습이 하나의 특권이었을까요? 아니면 단지 정규교육의 부재를 위한 보충이었을까요? 분명 특권임에 틀림없었다고 생각합니다. 왜냐하면 이러한 학습방법이 발전되면 모든 가족이 간절히 바라는 바 세대 간의 간격을 없앨 수 있기 때문입니다.

벤은 생각이 자라가면서 영적으로도 자라갔습니다. 어린 시절 벤은 이미 성령을 받았고 예수원을 세울 때 겪은 야영의 체험은 성령의 권능을 실제로 어떻게 사용하는지를 알 수 있는 기회가 되었습니다. 먹을 것이 떨어지거나, 한 집안에서 두 사람이 다투기 시작할 때 또는 북한 공비들이 인근 산

야를 배회할 때 사람은 무엇을 할 수 있을까요? 이에 대한 해답은 하나님을 의지하고 기도하는 것이었습니다.

예수원은 여러 차례 붕괴되거나 바람에 날아갈 뻔했지만 한 번도 그런 일이 벌어지지 않은 것은 하나님께서 우리 기도에 늘 응답해 주셨기 때문입니다. 우리와 함께 벤은 하나님을 전적으로 의지했을 때 하나님을 믿을 수 있다는 것을 배우고 있었습니다.

또한 이러한 교훈들은 벤이 세상 반대편에 살면서 공부하고, 사역하고, 한 가정을 부양하는 데 분명 도움을 주었을 것입니다. 우리 부부는 하나님을 결혼생활의 중심에 모시므로 우리가 상상할 수조차 없는 기쁨과 만족을 경험하고 동시에 강하고 목적이 뚜렷한 가정을 만들어 갈 수 있었습니다. 벤과 리즈가 결혼했을 때 두 사람이 하나님을 신뢰하는 전통을 이어갈 수 있었기에 우리에게는 너무나 큰 기쁨이었습니다. 둘은 교회와 기독교계 고등학교를 설립하고 기도 공동체를 세우는 데 함께 사역했습니다.

벤의 어머니로서 나는 아들이 하나님을 사랑하고 섬기길 원한다는 사실이 그 무엇보다 기뻤습니다. 하지만 하나님께서 벤의 마음을 주장하셔서 한국에 돌아와 사역하도록 하신 것은 전혀 기대 밖의 일이었습니다.

벤의 두 아들은 모두 결혼했고, 딸 조안나가 고등학교를 졸업한 지난해 두 부부는 한국으로 들어왔습니다. 한국으로 들어오기 전부터 벤은 천국가신 아버지가 시작한 사역을 펼쳐나갈 계획을 세우느라 많은 지역을 다녔습니다. 이와 함께 그 안에 새롭게 부어진 북한을 향한 그의 불타는 비전은 이곳 예수원의 삼수령훈련센터(Three Seas Training Center) 사역을 통해 흘러가게 될 것입니다.

하나님이 보내주신
선물, 옌시

1969년이었습니다. 산악정탐을 하기 위해 우리가 사는 곳을 방문한 한 한국 장교가 우리 집 앞에 멈춰 섰습니다. "어째서 이렇게 위험한 곳에 사십니까? 현재 사시는 곳 바로 위가 이 일대에서 가장 높은 산인데 북한군 헬기가 내릴 수 있는 딱 좋은 곳이라는 것을 모르셨습니까?"

장교의 말에 나는 그만 몸을 떨고 말았습니다. 내가 할 수 있는 말이라곤 "하나님께서 우리를 이곳에 보내셨어요. 그리고 하나님이 우리를 돌보아주실 것을 믿습니다."였습니다. 이때 대화를 듣고 있던 여섯 살 배기 어린 옌시의 말은 내 마음에 큰 위안을 주었습니다. "엄마, 나는 엄마 곁에서 떨어지지 않을 거예요. 왜냐면 만일 죽게 된다면 엄마랑 같이 죽고 싶으니까요."

세 살 난 버니는 우리가 처한 상황이 얼마나 심각한지 모르고 있는 듯 했습니다. 자기 또래 아이들과 마냥 재미나게 놀고 있었으니까요. 그러나 철부지 버니도 무슨 일이 생길 때면 언니인 옌시가 시키는 대로 말을 잘 들었습니다.

옌시와 버니가 서로를 챙기는 모습을 보는 것은 즐거움이었는데 옌시는 무슨 일이 생기든 버니를 보호해주었고, 버니는 이따금 어리광도 피웠지만 대부분 아무런 불평 없이 언니의 말을 잘 따랐습니다. 당시 옌시는 마을로 가는 길을 갈 때 항상 버니를 업고 다녔습니다. 사람들이 "동생이 너무 무겁지 않니?"하고 물으면 옌시는 "아니요. 무겁지 않아요. 내 동생인걸요."이라고 말하곤 했습니다.

남편과 나는 늦은 나이에 두 귀한 딸을 얻었습니다. 우리

"아뇨, 하나도 안 힘들어요 얘는 내 동생인걸요"

하나님이 보내주신 선물·엔시

는 오히려 그것을 다행스럽게 생각하고 있습니다. 아들 벤이 열세 살이 될 때까지도 둘째 아이가 생길 기미가 보이질 않자 나는 자주 이런 생각을 하였습니다. "우리에게 딸이 있으면 더 좋을 텐데…." 입양을 해야 하는 것이 아닐까 하는 생각도 해보았습니다.

결국 나는 기도를 하게 되었습니다. "주님, 우리에게 어린 딸이 있는 것이 주님의 뜻이라면, 가장 적합한 아이를 손수 골라 대문 앞까지 데려다 주세요. 그러면 우리에게 주신 아기인 줄 알겠습니다." 하나님의 손에 이 일을 맡겨 드린 후, 나는 더 이상 염려하지 않았습니다.

그러던 어느 날 한국인과 미국인이 함께 모이는 기도회 때였습니다. 한 미국사람이 나를 심상치 않은 표정으로 바라보면서 "저, 혹시 양털뭉치를 내놓으셨나요?"라고 묻는 것이었습니다. 나는 왜 나에게 그런 질문을 하는지 이상하게 여기며 "아니요. 양털뭉치를 내놓지 않았어요."라고 대답했습니다(사사기 6장 36절 이하를 보면, 양털뭉치는 기드온이 하나님을 시험하기 위해 사용한 물건이었습니다).

그로부터 2주 후, 성공회 신학교 뒤에 있는 언덕 위 우리 집 대문 앞에 택시 한대가 멈춰 섰습니다. 밖을 내다보니 선교사 친구인 도로씨 킨슬러가 회색담요에 쌓인 뭉치를 들고 나왔습니다. 그것은 다름 아닌 아이가 담긴 포대였습니다.

순간 나를 스쳐가는 생각이 있었습니다. 하나님께 아기를 주십사 드렸던 기도가 바로 양털뭉치를 내놓았던 것이었음을 알게 되었던 것입니다. 몹시 흥분한 나는 하나님께서 내 기도를 들으셨을 뿐 아니라 즉시 응답하셨다는 사실에 놀라움을 금치 못했습니다.

"이 아이를 받아주시겠어요?"라는 킨슬러의 말에 나는 숨도 쉬지 않고 "예"라고 말하고는 아이를 안았습니다. 포대기를 펼치자 태어난 지 막 6개월 된, 하얀 피부에 갈색 곱슬머리를 한 작은 미국계아시아 혼혈 여자아이가 잠자고 있었습니다.

"몸무게는 12파운드(약 5.5kg)예요." 마침내 아이가 눈을 크게 뜨고 이리저리 둘러보았습니다. 내 마음이 그 아이에게로 빨려드는 듯했습니다. 킨슬러의 말에 따르면 옌시가 큰 아이들만 있는 고아원의 유일한 갓난아이라 일산에 있는 홀트 입양원에 데리고 갔는데 그곳에서도 마땅히 입양할 부부가 없었다고 했습니다. 그런데 그 때 킨슬러는 옌시를 내게 데리고 가야겠다는 마음이 들었다고 합니다.

사람들이 영적으로 민감하면 하나님께서는 그들의 행동

과 생각을 지시해주십니다. 지난번 기도회에서 내게 양털뭉치를 내놓았느냐고 물었던 사람의 경우처럼 말입니다. 하나님께서 나의 기도를 들어주셨고 지금 내 팔 안에 그 응답이 안겨있다는 것을 깨달았을 때 감사와 놀라움으로 온 몸에 전율을 느꼈습니다.

그 날은 우리가 4일 간의 일정으로 예수원 부지를 찾으러 출발하는 날이기도 했습니다. 그래서 옌시는 잠시 아는 분께서 잘 맡아주기로 하였습니다. 4일 간의 여정 동안 나는 옌시에 대한 나의 계획을 아들과 남편에게 말하지 않았습니다. 4일 동안 옌시 생각은 머리에서 떠나지 않았고 여전히 난 하나님께서 이 아이를 우리에게 보내주신 것에 놀라워하며 감사할 따름이었습니다.

드디어 집에 돌아온 나는 아줌마의 등에 업혀 우유병을 빨고 있는 옌시를 보았습니다. 이제는 내가 그 아이를 돌볼 차례였습니다. 한 팔에 쏙 들어오는 옌시는 내 품에 안겨 킥킥거리고, 웃고, 큰 눈으로 날 믿고 있다는 듯 쳐다보았습니다. 아이를 목욕 시키고, 옷을 입히고, 음식을 먹이고, 재우는 일은 나에게 큰 기쁨을 안겨주었습니다.

2주일이 지나자 아들 벤이 물었습니다. "엄마, 애기는 얼마 동안 우리 집에 있을 거예요?" 나는 그제서야 내가 드렸던 기도와 하나님의 응답하심을 아들과 남편에게 고백했습니다. 둘은 놀랐지만 나와 동일한 마음으로 하나님을 찬양하고 함께 기뻐해주었습니다. 남편 아처는 자신도 비슷한 생각을 했었다고, 아들 벤은 기꺼이 오빠가 되어 주겠다고 했습니다. 그렇게 해서 우리는 옌시를 입양하여 세례를 주고 딸이 생기면 주려고 미리 지어두었던 이름을 지어주었습니다.

몇 달 후 우리는 예수원 문을 열었습니다. 그 때 옌시는 세 번째 생일을 맞이했고 그 후 몇 달이 지난 뒤, 막내 버니가 태어났습니다. 버니의 탄생은 또 다른 기적이었고 이를 통해 하나님께서 얼마나 적절한 시기에 일하시는 분인가를 깨달을 수 있었습니다. 비록 당시 예수원에는 유아들을 돌볼 만한 편의시설이나 전기, 수돗물이 없어 여간 불편하지 않았지만 남편과 벤이 예수원을 개척하면서 많은 문제들과 씨름을 하고 있던 시기여서 내게 있어 두 딸은 기쁨을 주는 원천이었습니다.

옌시는 당시 공허했던 우리 가족의 마음을 채워주기 위해 하나님께서 친히 보내 주신 축복의 선물이요, 버니는 한국나이 마흔여섯에 받은 귀한 선물이었습니다. 특히 옌시는 밝은 성격과 부모에 대한 믿음으로 우리의 마음을 정말로 따뜻하게 채워주었습니다.

　세월이 흘러서야 옌시는 마침내 자신이 자라오면서 받았던 상처를 털어놓았습니다. 사람들은 마치 입양이 수치스러운 일이라도 되는 것처럼 공공연히 옌시의 입양에 대해 이야기를 했고 국적에 대해서도 의심쩍은 말투로 물었다고 합니다. 그런 상처는 초등학교 일학년 때부터 시작되었고 그런 상황이 견디기 힘들었던 옌시의 발랄했던 성격은 점점 풀이 죽어갔습니다. 아는 사람들마저 옌시의 출생을 두고 이야기할 때면 옌시의 아픔은 더욱 깊어만 갔습니다. 우리에게 큰 기쁨을 주었던 옌시가 그토록 무거운 짐을 지고 있었다는 사실에 우리는 그만 아무 말도 할 수 없었습니다. 그 많은 짐을 우리에게 애써 숨기며 지내왔던 것입니다. 옌시는 다만 하나님께 도와달라고 부르짖으며 용기를 내어 자신의 슬픔을 딛고 살아가려고 애썼던 것입니다.

　"하나님, 자녀를 키우는 우리들에게 그들의 영이 얼마나 연약하며, 매사에 그들을 격려하는 것이 얼마나 중요한지를, 또 축복하고 치유하시는 하나님의 권위 아래서만 자녀들을 양육해야한다는 것을 깨닫도록 도와주소서."

"나이든 이 블랙 하트가
너를 찾고 있단다"

1969년은 옌시가 여섯 살이 된 해입니다. 예수원을 개척하는 여러 해 동안 옌시의 재잘거림과 환한 웃음은 자칫 우울하게 보낼 수 있는 예수원에서의 생활을 밝게 만들어 주었습니다. 집안 일로 허우적거리고 있을 때 집 안팎을 깡충깡충 뛰어다니는 옌시를 보는 것만으로도 나는 집안일이 힘들지 않았습니다. 그리고 물을 긷느라 지쳐서 돌아오는 아빠에게 옌시는 신이 나서 뛰어가기도 했습니다. 그러면 아처는 피곤이 싹 물러간 듯 옌시를 덥석 안아 올려 주거나 이야기책을 읽어 주었습니다. 당시 옌시보다 세 살 어린 아기 버니가 있었는데 버니 때문에 아처와 내가 깜짝깜짝 놀라곤 했다면, 옌시에게 버니는 자기가 돌봐주어야 하는 존재였습니다.

옌시가 버니를 혹 라이벌로 생각했을까요? 아닙니다, 옌시는 버니를 보살펴주어야 하지만 함께 노는 친구로도 여겼습니다. 엄마인 나는 아기를 등에 업는 한국의 좋은 관습을 익히지 못했지만 옌시는 달랐습니다. 동생 버니를 돌보면서 옌시가 버니를 등에 업고 산길을 오르락내리락 하는 모습이 자주 눈에 띄었습니다.

옌시가 마을에 있는 학교에 입학해야 하는 3월 초순이 되었는데 땅은 아직도 눈으로 덮여 있었습니다. 이곳은 해마다 그렇습니다. 해발 3000 피트의 높은 곳에 위치해 있기 때문에 이곳의 겨울은 11월부터 4월까지 계속됩니다. 옌시는 세 돌이 되기 전에 이곳으로 왔기 때문에 예수원 생활에 잘 적응해 왔는데 마을 학교에도 잘 적응할 수 있을까? 하고 걱정이 되었습니다.

아처는 귀 주위가 털로 덮인 긴 파카를 입고 눈 속에 길을 만들었습니다. 자켓에 모자, 부츠까지 신은 옌시는 한 손으로는 아빠의 손을 꼭 쥐고 다른 한 손으로는 학교 가방을 움켜쥐고 아빠의 뒤를 따라 갔습니다. 물론 강아지 쫑이 마을까지 가는 내내 그들을 따르고 있었습니다. 마을은 옌시에게는 전혀 새로운 곳이었습니다. 그러나 아빠가 앞장서고, 쫑이 뒤를 따라 오고, 또 학교가 끝나면 예수원의 큰 오빠가 와서 자신을 업고 집으로 가리라는 것을 알고 있었기 때문에 옌시는 늘 당당한 꼬마 숙녀였습니다.

학교는 거의 100명의 학생들이 모여 있는 큰 교실이었습니다. 이전에 한 번도 만나 본 적이 없는 아이들을 보자 옌시의 큰 눈이 더욱 커졌습니다. 학생들은 모두 바닥에 앉아 있었습니다. 옌시나 작은 애들에게는 전혀 문제될 것이 없었지만, 큰 아이들에게는 무릎과 책을 반듯이 하고 서로에게 방해가 되지 않게 바닥에 앉아 있는 것이 어려운 일이었습니다.

집에서 아처와 나는 옌시에게 영어로 말을 했습니다. 하지만 옌시는 3년 동안 예수원의 형제자매들과 함께 생활했기 때문에 한국어에 익숙해 있었습니다. 선생님이 한국말로 "애야, 어디에 사니?"라고 물었을 때 옌시는 조금도 막힘없

옌시의 첫 등교길

아빠가 앞장서고
종이 뒤를 따라 오고
또 학교가 끝나면
예수원의
큰 오빠가 와서
자신을 업고 집으로
가리라는 것을 알고
있었기 때문에
옌시는 늘 당당한
꼬마 숙녀였습니다

이 "예수원에 살아요."라고 말했습니다.

"그럼 이름은?"

"대명자예요."

"학교에 다닌 적이 있니?"

"아니요. 하지만 아빠가 책을 읽어 주서서 대문자로 글도 익혔고 노래도 불러요."

그러자 선생님이 빙그레 웃으시며 말했습니다. "네가 학교를 좋아했으면 좋겠구나."

옌시가 가장 가까운 곳에 있는—그렇다고 그렇게 가까운 거리는 아니었습니다— 여자 아이와 친구가 된 것은 아마 그때였던 것 같습니다. 이로써 마을 학교에서 옌시의 6년 간의 생활이 시작되었습니다.

1학년 때에는 숙제가 무척 많았습니다. 한국어 글자 쓰기는 룻 자매가 많이 지도해 주었습니다. 옌시는 치즈 저장실 너머 룻 자매와 그 남편 엘리사가 살고 있는 언덕까지 열심히 올라가서 한두 시간씩 있다 오곤 했습니다. 옌시의 한국어 공부에 도움이 되지 못하는 나는 감사하게도 룻 자매로부터 옌시가 아주 잘하고 있다는 소리를 들을 수 있었습니다.

추억은 얼마나 소중한 것인지! 아침 기도 시간에 내 옆에 무릎을 꿇고 앉아서 "하나님, 아빠를 축복해 주세요. 하나님, 엄마를 축복해 주세요. 하나님, 벤을 축복해 주세요. 하나님, 버니를 축복해 주세요. 하나님, 바실 형제를 축복해 주세요." 라고 계속해서 중얼거리던 옌시 모습이 떠오릅니다. 마을 친구들이 옌시의 생일을 축하하기 위해 산으로 올라왔을 때 옌시가 놀라면서도 기뻐하던 모습도 생각이 납니다. 황지(지금의 태백시)로 가는 버스를 타기 위해 큰 오빠 벤의 뒤를 따라 언덕을 뛰어 내려가던 모습도 기억이 납니다. 오빠 어깨에 내내 무등을 타고 다녔던 도보 여행에서 돌아오자마자 한국에서 가장 큰 환선굴에서 메아리를 들으려 소리 지르던 옌시 모습도 눈에 아른거립니다. 동생 버니에게 뭔가를 열심히 가르쳐주고 버니가 그것을 잘 따라했을 때 자랑스러워하던 모습도 떠오릅니다.

집에 온 손님에게 자신의 책을 보여 주었는데 손님이 그것을 선물인 줄 알고 가지고 가 버렸을 때는 엉엉 울기도 했습니다. 우리는 "아가야, 울지마. 네가 그 사람에게 거저 주었으니까 하나님께서 네게 더 많은 것을 보내 주실 거야."라며 옌시를 달래주었습니다. 그런데 바로 그 다음 날 옌시에게 책 한 상자가 배달되었습니다. 옌시는 놀라는 기색 하나 없이 하지만 기뻐하면서 말했습니다. "하나님이 내게 책을 보내주셨어."

 그 후로 몇 년이 흘러 옌시와 아빠 사이가 껄끄러운 때가 있었습니다. 두 사람의 불편한 관계로 주변 사람들 마음도 무거웠습니다. 그 어떤 경우에도 상황이 좋아질 것 같지 않았습니다. 아처는 마침 그 날이 성 발렌타인 데이라는 것을 기억해 내고는 해결책을 찾았습니다. 그는 옌시를 위해 발렌타인 선물을 만들었던 것입니다.

 옌시는 툴툴거리며 선물을 열었습니다. 기분 좋게 환히 웃고 있는 아빠 사진이 있었고 그 밑에 하트 모양으로 도려낸 그림이 있었습니다. 그 하트 모양의 그림 뒤에 진한 갈색의 초코파이와 초코파이 뒤편으로 카드가 붙어 있었습니다. 그리고 카드 앞면에는 이렇게 적혀 있었습니다. "나이든 이 블랙 하트가 너를 찾고 있단다." 옌시도 이 순간을 갈망했던 것일까요? 옌시의 커다란 웃음소리에 둘 사이에 드리워져 있던 어두운 그림자는 사라져 버렸고, 우리 모두도 그랬습니다.

 때마침 도움의 손길을 필요로 하는 때 옌시가 집에 와 있어 내 마음은 오래 전 추억들로 가득합니다. 옌시는 아처가 눈을 감기 전날 밤, 미국 코넷티컷에서 왔습니다. 쓰러진 이

후 10주 간 혼수상태에 있던 아처는 그 때 마지막 숨을 쉬고 있었습니다. 옌시는 눈물을 흘리며 자신의 마음을 쏟아냈습니다. 그때 아처는 옌시가 하는 말을 알아듣지 못했지만 이제 그는 알 것입니다. 왜냐하면 그는 지금 영광 가운데 있고, 사람들이 그에게 표현하고 싶어 했던 모든 사랑을 알고 있기 때문입니다.

옌시는 아처가 하늘로 간 이후 내 곁에 머물러주고 있습니다. 예수원은 40년 동안 내 집이었고 앞으로도 나는 예수원 가족의 일원으로 이곳에 머무르려고 합니다. '전에는 아처가 항상 능숙한 한국어 실력으로 사람들 사이에서 다리 역할을 해 주었는데 이제 어떻게 해야 하나.'라는 걱정을 채 하기도 전에 옌시가 옆에서 내가 하는 말을 모두 통역해 주고 그녀의 생각까지 덧붙여서 모든 사람들과의 대화를 이전보다 더 재미있게 해 주고 있습니다. 54년간이나 내게 더없이 훌륭한 남편이었던 옌시의 아빠, 아처를 잃은 것은 우리들 삶에 커다란 위기가 아닐 수 없습니다. 그러나 축복은 잿더미로부터 솟아나듯 우리가 얻은 축복 중 가장 큰 것은 수년 동안 지구의 다른 편에서 살았던 옌시와 내가 지금은 단지 엄마와 딸로서가 아니라 친구로서 함께 지내게 되었다는 사실입니다.

그들만의 여행

가족이 서로 떨어져 지내야만 할 때 그것이 꼭 부정적인 의미만은 아닐 수 있습니다. 가족 안에 강한 사랑이 있다면 서로 떨어져 지낸 시간은 우정이 깊어지고 경험이 풍부해지는 기회를 의미할 수도 있습니다. 마치 우리 가족에게 일어났던 일처럼 말입니다.

휴가가 끝났을 때 네 살 된 버니와 나는 미국에 남아 있어야 했습니다. 내 천식치료를 위해서였습니다. 대신 아처와 일곱 살 난 옌시는 영국에서 있었던 한 모임에 참석한 뒤 옌시의 입학과 예수원 일로 한국에 바로 돌아가야만 했습니다. 7개월간의 헤어짐은 생각한 것보다 긴 것이었습니다.

옌시는 지난 2002년 아처가 하늘의 부르심을 받은 이후, 지금까지 내 곁에 있으면서 좋은 친구가 되어주고, 여러 일들을 돕고 있습니다. 요즘 옌시와 나는 예수원의 초창기시절을 돌아보며 당시에는 그냥 지나쳐버린 일인데 지금 와서 보면 놀라운 일들임을 발견하는 재미에 빠져 있습니다.

내 천식치료로 옌시와 아처가 우리와 떨어져 지냈던 그 당시, 아처가 내 대신 엄마 역할을 어떻게 해냈으며 또 예수원 개척과 관련된 일들을 어떻게 해냈는지 궁금했습니다. 물론 아처가 그 일들을 해내는 데는 조병호 목사 가족과 다른 형제자매들의 도움이 있었을 것입니다. 그래서 그들은 옌시에게 더 큰 의미의 소중한 가족이기도 합니다.

그 당시 옌시는 아빠와 서울구경을 하기로 되어 있었습니다. 물건을 살 마음에 옌시는 돼지저금통을 털어 호주머니에

돈을 가지고 갔습니다. 몇 달 동안 모은 돈은 꽤 되었습니다. 그 여행은 비포장도로를 따라 하사미동에서 황지, 황지에서 통리까지 버스로, 다시 통리에서 기차를 타고 서울 청량리까지 가는 긴 여행이었습니다. 그런데 순간 아처는 당황할 수밖에 없었습니다. 그에게는 서울에 가야만 바꿀 수 있는 미국 수표밖에 없었던 것입니다. 옌시에게 혹시 돈이 있는지 물어보았는데 그 때 옌시는 자기가 가진 돈을 모두 아빠에게 주었습니다! 아처가 기차표 두 장을 사고 나니 남은 돈은 청량리에 내려서 그들이 머물기로 되어 있는 브라운 목사의 집까지 가는 데 드는 버스비뿐이었습니다. 그나마 당시 아이들은 무료로 버스를 탈 수 있었기에 가능했습니다.

"기차에서 아무것도 사먹을 수 없겠구나."라는 아빠의 말에 들떴던 옌시의 기분은 순식간에 가라앉고 말았습니다. 의자는 두 사람씩 앉게 되어 있었는데 앞에 옌시 또래의 남자 아이가 아버지와 함께 앉아 있었습니다. 조금 있자 아버지와 아들은 김밥 도시락과 삶은 계란 그리고 음료수를 꺼내 먹기 시작하였습니다. 그들은 낯선 사람들과 먹을 것을 함께 나눌 것 같아 보이지 않았습니다. 아처는 옌시가 점점 더 배고파한다는 것을 알고는 이야기를 해주면서 배고픔을 달래 주려 하였습니다.

엔시의 배고픔을 조금이나마 덜어주기 위해 엔시에게 재미난 이야기를 들려주고 있는 아처

아버지 아처와의 여행을 통해
엔시의 머리와 마음에는
아버지만이 줄 수 있는
보석과도 같은 추억이 남게 되었습니다

옛날이야기를 새롭고 재미나게 하는 말솜씨가 있는 아처는 옌시가 좋아하는 삼손과 데릴라 이야기를 시작하였습니다. 그리고 이어서 해리엇 투부맨의 이야기를 해주었습니다. 해리엇 투부맨은 미 남부 메릴랜드출신의 용감한 흑인 노예로 낮 동안에는 숨어 있다가 걸어서 북부까지 가 지하철도(underground railroad:남북 전쟁 전 노예의 탈출을 도운 비밀 조직)를 결성한 사람입니다. 그리고 스무 번씩이나 남부에 다시 가서 300명의 친척과 친구들을 도와 그들이 자유를 찾을 수 있도록 해주었기 때문에 흑인들의 모세라고까지 불렸습니다.

　　다음으로 아처는 이반의 코펙 이야기를 해주었습니다. 이반은 러시아의 거지 소년으로 교회에서 잠을 잤으며, 주일에는 예배에 참석하였습니다. 그러나 예배드리는 사람들이 눈치 못 채도록 항상 뒷자리에 앉아 있곤 하였습니다. 그는 교회에서 일어나는 모든 일에 흥미를 갖고 있었는데 한번은 교인들이 종을 사기 위해 모금을 하기 시작하였습니다. 주일 예배가 끝날 때 사람들은 앞으로 나가 헌금 접시 위에 가진 돈과 보석을 내어놓기 시작하였습니다. 이때 이반에게는 작은 동전 한 코펙(일 루블의 백분지 일에 해당)이 있었습니다. 이반은 자신도 종을 사는 모금에 참여하고 싶어서 동전을 내려고 앞으로 나갔습니다. 하지만 그는 헌금 접시에 다가갈 수 없었습니다. 사람들이 "거지가 무슨? 아유 더러워!"라고 말하며 밀어낸 것이었습니다.

드디어 놋쇠를 녹여서 그리고 보석으로 아름답게 장식한 종이 만들어졌습니다. 주일 아침 사람들은 숨을 죽인 채 교회 안팎에서 새 종소리를 기다리고 있었습니다. 이반도 자기 자리에서 다른 사람들과 마찬가지로 아름다운 종소리가 들리기를 기대하고 있었습니다. 마침내 약속된 시간에 종에 매달린 추가 종을 때렸습니다. 하지만 아름답게 울리는 소리는 들리지 않았고, 종이 깨지면서 날카로운 소리만을 내었습니다.

사람들은 모두 실망하였지만 그래도 다시 조금씩 모금을 해 종을 고치고 더 잘 만들기로 했습니다. 이반은 한 번 더 자신의 코펙을 드리려고 했지만 그의 남루한 행색을 본 사람들은 이반이 헌금을 드릴 것 같아 보이지 않았던지 이반을 내쫓아버렸습니다. 이번에는 반드시 아름다운 소리를 낼 것이라며 사람들이 모여들었습니다. 다시 정해진 시간에 추가 종을 때렸지만 끔찍한 소리를 내며, 다시 종이 깨지고 말았습니다.

사람들은 다음 주에 오기로 되어있는 대주교의 방문에 맞추어 이 종을 사용하려 했기 때문에 크게 실망하고 말았습니다. 사람들은 돈과 함께 종이 완벽한 소리를 내기 위해 필요한 모든 것을 모았습니다. 다음 주일 사람들이 헌물을 가지고 나올 때, 대주교는 옆에서 소란이 난 것을 보게 되었습니다. "거기 무슨 일입니까?" 대주교가 물었습니다. "더러운 거지 소년 이반인데요. 이 녀석이 앞으로 나가려하지 않습니까?"라고 누군가 대답하였습니다. 대주교는 작은 이반을 바라보면서 친절하게 물어보았습니다. "얘야, 무슨 일이냐?" "저도 헌금접시에 제 돈을 드리고 싶어요." 이반이 말했습니다. "이리 오렴. 헌물을 드리는 것은 너만의 특권이란다." 사람들이 모두 바라보는 가운데, 이반은 자신이 갖고 있던 작은 코펙을 헌금 접시에 드렸습니다.

   종은 한 번 더 녹여지고 다시 만들어졌습니다. 대주교는 며칠 더 머무르며 그 과정을 지켜보았습니다. 다시 만들어진 종은 훨씬 더 아름다웠습니다. 대주교가 종의 추를 잡고 종을 쳤습니다. 기다리던 사람들은 모두 마을을 넘어 울려 퍼지는 아름다운 종소리에 입을 벌리고 말았습니다. 대주교는 계속해서 종을 쳤습니다. 마침내 사람들의 꿈이 이루어진 것입니다. 대주교는 말했습니다. "종의 추가 종을 때린 곳을 보십시오. 종과 추를 함께 연결한 것은 바로 이반의 코펙입니다."

 아처는 이 대목에서 그만 손수건을 꺼내들고 눈물을 훔쳤고, 이 이야기를 나에게 전한 옌시도 눈물을 흘렸습니다. 이 이야기가 어디서 전해졌는지는 알 수 없으나, 마치 톨스토이의 글을 연상케 하는 것 같습니다. 어느덧 시간이 지나 아처와 옌시 두 부녀는 맛있는 식사와 목욕물이 준비된 연희동의 타미 브라운 목사님 댁에 도착하였다고 합니다.

 나는 이 이야기를 들었을 때 50년대와 60년대 초반 서울의 거지 소년들을 성당에 불러 따뜻한 지하실에서 잠을 재워준 존 데일리 주교님이 생각났습니다. 우리 주교이기도 했던 그는 거지 소년들에게 여름에만 밖에서 지내도록 하였습니다. 어느 겨울 그는 거리에서 소년들을 찾아보았지만, 아무도 찾지 못하였습니다. 이상하게 여긴 데일리 주교는 그 소년들이 시골 밖으로 보내졌다는 사실을 알게 되었고 그 후 아이들을 찾기 위해 여행을 시작하였습니다. 그는 비록 소년들을 찾지는 못했지만, 여행 도중 황지라는 5년 된 탄광마을을 발견하였습니다. 그런데 그 마을은 영국에서 그가 시무했던 교회 주변의 탄광마을과 흡사하였습니다. 순간 거리가 온통 석탄가루투성이인 그곳에 예수님의 빛을 비추기 위한 사역을 하고 싶은 소망을 갖게 되었습니다. 그는 그곳으로 거처를 옮겨 한 달에 3주는 그곳에서 보내고, 1주일은 서울에서 주교로 생활하였습니다. 이러한 데일리 주교의 황지(지금은 태백) 사역을 통해 우리는 예수원 장소를 찾게 되었던 것입니다.

엔시가 내게 이야기하는 동안, 나는 아처와의 여행이 엔시에게 얼마나 중요한 시간이었는가를 알게 되었습니다. 엔시의 머리와 마음에는 그녀의 아버지만이 줄 수 있는 보석과도 같은 추억이 남게 되었던 것입니다. 또한 오직 둘만이 함께 한 평생의 소중한 우정을 쌓았으며, 엔시는 자신을 돌봐주는 엄마 없이 혼자서 여러 가지를 경험한 것이었습니다.

아처에게 그 기간은 가장 스트레스가 많았던 예수원의 개척시기로, 건물을 짓고, 내 천식치료를 위해 공기를 깨끗이 하려고 발전기를 설치하고, 아내의 아무런 도움 없이 오직 기도의 삶을 세워가던 때였습니다. 그때 아처는 "주님, 불가능해 보이는 꿈인 이 수도원이 세워질 수 있도록 도와주소서. 그리고 엔시 보다 제가 한 발 더 먼저 가 기다릴 수 있도록 도와주소서."라고 기도하는 가운데 엔시가 자신의 삶을 앞으로 나아가게 하는 닻이자, 도우미이자, 앞으로 다가올 좋은 일에 대한 소망이라는 것을 이미 깨달았을 것입니다.

환상 여행 티켓

성장기의 나를 도운 사람들은 모두 신뢰할 수 있는 분들이었습니다. 부모님, 할머니, 숙모와 삼촌. 내 삶은 그분들을 통해 자라나고 그분들 안에서 이루어진 것 같습니다. 그분들이 내게 그릇 행한 것은 하나도 없습니다. 그분들이 없는 나의 인생은 상상도 할 수 없습니다. 그분들은 모두 순서를 따라 주님 곁으로 가셨습니다. 그리고 그분들의 사랑의 양육으로 인해 나는 다른 사람들을 신뢰할 수 있게 되었다는 것을 깨달았습니다. 나는 그러한 사랑을 받지 못하고 자란 아이들을 보면 슬퍼집니다. 가정이 깨어지고, 전쟁에 휩싸이고 여린 새싹과 같은 유년 시절에 의지할 어떠한 버팀목도 없는 아이들 말입니다.

남편과 나는 우리 부부의 삶의 방식이 자녀들에게 올바른 것이 되기를 소망했습니다. 우리 가정의 이점이라면 아이들의 아버지가 일하러 매일 집을 떠나지 않아도 된다는 것과 아이들이 우리 사역의 협력자였다는 것입니다. 반대로 불리했던 점은 여러 가지 많은 일 때문에 아이들의 필요를 무심코 지나쳤다는 것입니다. 이것을 깨닫고 그 같은 일이 일어나는 것을 방지하는 것은 우리로서는 중요한 일이었습니다. 그리고 우리가 노력하고 애쓸 때 하나님께서 친히 우리를 위해 일해 주셨습니다.

70년대 초 한국의 여러 곳이 수해를 입은 적이 있었는데 서울의 외국인 학교와 미8군 고등학교 학생들이 주말에 예수원을 찾아왔습니다. 처음에는 비가 잔잔하게 오더니 풀러가(家)의 세자매가 포함된 마지막 팀이 도착하자 폭우로 변

하였습니다. 비에 몸이 흠뻑 젖은 캐시, 매리, 페기 풀러는 버스 기사가 옥수수 밭에 내려주는 바람에 예수원으로 가는 길을 찾지 못해 무척 애를 먹었다고 했습니다.

비는 금요일부터 주일까지 계속되었고, 모든 버스 편도 끊겼습니다. 주일날 꼭 떠나야했던 잭 던니간 목사와 사모는 서울행 기차를 탈 수 있기를 바라며 산길을 8마일 걸어 마차리 마을에 있는 작은 역까지 가야 했습니다. 월요일에는 열 명의 청소년들이 떠나야만 했습니다. 아처는 그들과 8마일을 걸어 마차리까지 동행하였습니다. 그들 중 절반이 먼저 역을 향해 뛰어갔는데, 몹시 흥분된 가운데 되돌아와서는 이렇게 말했다고 합니다. "안 좋은 소식이에요. 서울 가는 철로가 붕괴되었대요. 하지만, 좋은 소식도 있어요. 강릉으로 가는 열차가 있고, 그곳에는 서울로 가는 비행기가 우리를 기다리고 있대요." 어떻게 그런 일이 가능했을까요? 그것은 전날 강릉에서 서울행 완행버스를 잡아탄 잭 던니간 목사가 미국 대사에게 전화를 걸어 자신의 딸들이 다른 친구들과 예수원에서 꼼짝 못하고 있다고 하자, 대사가 강릉에 비행기를 보내준 것이었습니다.

바로 다음날은 내가 엔시와 버니를 데리고 개학 전 마지막 휴가차 서울여행을 가기로 한 날이었습니다. 그러나 들판은 물로 꽉 찼고, 길은 쓸려 내려갔고, 철로는 파괴되어 있었습니다. 온 국토가 재난을 입은 것이었습니다. 이런 상황에서 이 여행을 꼭 고집해야 하는가? 나는 번민에 쌓였습니다. 하지만, 아무리 어려운 상황이라도 딸들과 한 약속이기도 했습니다. 나는 딸아이들이 여행을 떠나고 싶어 한다는 것을 알았고, 아처 또한 내가 예정대로 하기를 기대하고 있었습니다. 나는 물러설 수 없었습니다!

나는 두 딸과 함께 마차리까지 8마일 거리를 동행해줄 아처와 더불어 길을 나섰습니다. 우리는 강릉행 기차에 몸을 싣고, 강릉에 가서 서울로 가는 버스나 아니면 비행기라도 찾아 볼 요량이었습니다. 아처는 우리에게 잘 다녀오라는 인사와 함께 다시 예수원으로 가는 긴 발걸음을 내디뎠습니다.

그러나 강릉에는 서울행 버스가 없었습니다. 그래서 우리는 공항으로 가기 위해 큰 들판을 가로질러 걸어가기 시작하였습니다. 바로 그때, 파란색 밴 승합차가 멈춰서더니 미 공군인 운전자가 우리에게 어디로 가냐고 묻는 것이었습니다. 우리는 서울로 가는 비행기 티켓을 구하고 있다고 말해 주었습니다. 그는 우리가 표를 구할 수 없을 것 같다는 표정을 보이며 공항까지 태워주겠다고 했습니다. 예상대로 표는

구할 수 없었습니다. 그는 날씨가 너무 더우니 자기와 함께 장교클럽에 가서 콜라라도 마시자고 하였습니다.

우리가 감사하는 마음으로 콜라를 마시고 있는 동안 그 장교는 마치 친구의 일을 봐주듯 우리를 위해 건물 안팎을 바쁘게 다녔습니다. 공항 가까운 곳에 있던 탓으로 비행기가 이착륙하는 소리와 헬리콥터의 소음까지 들렸지만 우리는 놀라지 않았습니다. 단순히 여행을 위해서라기보다 분명 중요한 일이 있어서 우리가 서울에 가는 것이라고 여긴 그 장교가 갑자기 안으로 달려 들어오면서 "저기 오산으로 가는 헬리콥터가 있습니다. 그곳까지 가시면 서울로 가는 버스를 쉽게 타실 수 있을 겁니다."라고 말하는 것이었습니다. 그리고서 우리를 밖으로 데려가더니만 헬리콥터에 태웠습니다. 전혀 생각할 틈이나 '헬리콥터는 어째 좀…' 이라는 불평을 말하기도 전에 말입니다.

헬리콥터 안에서 한 줄로 앉은 우리 네 명(서울로 가는 홀리 제임스를 포함하여)은 안전벨트를 맸습니다. 양 옆의 문은 활짝 열려져 있었습니다. 우리 앞에는 조종사와 항법사가 그리고 뒤에는 두 남자 탑승객이 앉아 있었습니다. 햇살이 밝게 비추는 가운데 하늘은 파랗고 하얀 구름이 하늘을 덮고

엔시와 버니 그리고 나는 순식간에 하늘 높이 올라갔습니다

있었습니다. 뒤편으로 아름다운 대양이 펼쳐져 있는 가운데 하늘 높이 올라간 우리는 산의 작은 골짜기들을 내려다보았습니다. 흔하게 볼 수 없는 얼마나 놀라운 경험인지요. 이 귀한 경험을 하마터면 놓칠 뻔하지 않았습니까? 하나님께서 이렇게까지 두 딸의 여행계획에 관심을 갖고 계셨던 것일까요? 그 순간, 좀 더 나은 판단이라고 여기며 아이들과의 여행을 포기하지 않은 것이 얼마나 다행으로 여겨졌는지 모릅니다. 나는 딸들과의 약속을 지켰고 두 딸은 약속을 지킨 나를 신뢰할 수 있게 되었으며 이곳에서 하나님은 생각지도 못한 방법으로 나의 결정을 영예롭게 하셨던 것입니다.

영월 수해지역에 착륙한 헬리콥터는 뒤에 앉았던 두 남자를 내려주었습니다. 그들은 들판 너머로 보이는 붕괴된 다리의 복구를 위해 온 것이었습니다. 다시 이륙한 우리는 곧 오산에 이르러 일렬로 내려 앉아있는 헬리콥터의 맨 끝 줄에 착륙하였습니다. "감사합니다."라는 말을 채 하기도 전, 우리를 비행장 바깥으로 데리고 나온 조종사는 근처의 버스 탈 수 있는 곳을 알려주었습니다. "그곳에 서울로 가는 버스가 있습니다. 서두르시면 타실 수 있을 겁니다."라면서 말입니다.

우리가 풀러 씨 댁에 문을 두드린 것은 초저녁 무렵이었습니다. 캐시, 매리 그리고 페기는 문을 열어 우리를 보는 순간 꿈을 꾸는 것이 아닌가라고 생각하였습니다. 오래 전에 우리를 초청했지만 우리가 홍수를 무릅쓰고 서울까지 오리라고는 생각지 못한 때문이었습니다. 그들 역시 마차리까지 8마일을 걸어서 강릉까지 가는 기차를 타고 가 대사가 보내준 비행기로 바로 전날 서울에 온 것이었습니다. 다시금 우리의 모험을 회상하면서 하나님의 선하심을 찬양하는 것은 얼마나 즐거운 일인지요!

이 세상 최고의 친구

미국에서 5일간의 여행을 마치고 무사히 집으로 돌아왔습니다. 테러도 없고 사스도 없어, 옌시와 난 감사할 수밖에 없었습니다. 한 변호사가 전화를 걸어와 법정에서 내 친구를 위해 증언을 해달라는 요청을 하였고, 그 일로 옌시와 나에게 비행기표를 보내주어 떠나게 된 여행이었습니다.

법정에 서게 된 친구는 내게 오랫동안 도움을 준 좋은 친구입니다. 만일 내 증언이 도움이 될 수만 있다면 하나님께서도 내가 그렇게 하길 원하실 것이라고 확신했습니다. 그녀는 내가 9명의 의사를 만나고도 눈 수술을 하지 못하고 있을 때 내게 의사를 소개해주어 수술을 하도록 도와주었습니다. 게다가 그 친구의 어머니는 우리가 예수원을 설립할 부지를 매입할 때 헌금을 보내주기도 하셨습니다.

그런데 그 친구에게는 평생 원수로 지내는 오빠가 있었습니다. 그 오빠는 난독증이라는 장애로 인해 투쟁하듯 살아온 자신의 누이동생과 같은 처지에 있는 사람들에게 관심은 커녕 혐오감뿐이었습니다. 게다가 그의 혐오감은 특히 누이동생에 대해서 훨씬 더 심하였습니다. 이런 가운데 결국 어머니 유언문제로 법정에까지 서게 된 것이었습니다.

아버지의 성공적인 사업을 물려받아 부자인 오빠는 누이동생이 어머니의 유언으로 유산을 상속받는 것을 막으려 하였습니다. 어머니는 아들의 증오를 잘 알았기 때문에 딸에 대해 각별한 사랑과 관심을 가졌으며, 딸이 평생 쓸 수 있는 충분한 유산을 물려주려 하였던 것입니다. 하지만 그 유언의 집행은 6년간이나 지연되었고, 그 동안 그녀의 수입이라고는 반쯤 짓다만 집을 담보로 받은 대출과 패물을 팔아 마련한 돈이 전부였습니다. 그녀는 돈이 절실히 필요했고, 어머니의 유언대로라면 충분한 유산을 물려받았어야 했습니다.

양쪽 모두 약 30여명의 증인이 나왔습니다. 하지만 오빠의 증인들은 어머니가 말년에 금치산자였으며, 누이동생이 어머니를 학대하고 유언장을 쓰라고 윽박질렀다고 말하도록 고용된 전문가들이었습니다. 물론 그들의 증언 모두가 사실이 아니었습니다.

나는 내 친구인 누이동생의 선한 성품과 심성에 대해 그리고 그녀의 어머니가 정상이었다는 것을 말했습니다. 나는 친구의 어머니 말년에 여러 차례 함께 지냈었습니다. 나는 친구의 어머니가 아주 기쁘게 유언장에 서명하는 것을 보았다는 다른 증인의 증언을 들었습니다. 또 고용된 전문가들에게서와 그 오빠에게서 배심원들이 분명 납득할 수 없는 증언을 하는 것을 들었습니다. 그리고 이틀 뒤 우리는 떠나야했지만 우리에게는 진리가 이긴다는 확신이 있었습니다.

며칠 뒤, 나는 축하해주고 싶은 마음에 전화를 걸었습니다. 하지만 예상과 달리 전화기를 타고 들려오는 친구의 목소리는 슬프게 흐느끼고 있었습니다. 열두 명으로 구성된 배심원들은 그녀가 어머니께 유언을 강요했고 때문에 유산을 한 푼도 물려받을 수 없다고 판결을 한 것이었습니다. 그럼에도 불구하고 내 친구는 주님에 대한 강한 신뢰로 주께서 자신을 돌보신다고 믿으며, 오빠에 대해 용서하는 마음마저 갖고 있었습니다.

이 얼마나 이해할 수 없는 세상입니까! 장애인인 자신의 누이동생을 누구보다 사랑하고 보호해야할 교회 장로인 그 오빠는 법을 통해 누이동생의 존재를 철저하게 지워버리고 그녀의 삶을 지탱하기조차 힘들게 하고 있습니다. 물론 내 친구에게는 그녀를 사랑하고 존중하며 무엇이 진실인지 아는 친구들이 있지만 말입니다.

이 일을 겪으며 나는 우리 자녀들에 대해 새삼 감사하는 마음을 갖게 되었습니다. 여느 아이들처럼 우리 아이들 역시 서로 다투기도 하면서 자랐지만 그래도 성장과정 중 서로에 대해 특별한 사랑을 갖고 있는 것을 여러 번 볼 수 있었기 때문입니다.

형제 없이 외롭게 열세 살이 되던 해, 벤이 한번은 기도하듯 이런 말을 하였습니다. "집에 나 혼자뿐이라면 나는 독선

적이고 거만한 아이가 되고 말 거야." 그 후 벤에게 옌시라는 뜻밖의 놀라운 선물이 왔습니다. 그는 상황에 잘 대처했고 동생을 잘 돌보는 오빠가 되었습니다. 벤은 두 번째 선물이기도 한, 내가 마흔 다섯에 낳은 버니도 잘 보살펴주었습니다. 특별히 어린 두 딸은 힘들었던 예수원 개척 시기에 내게 큰 위안이 되어주었고 나는 딸들에게 이런 노래를 불러 주기도 했습니다.

"꼬마 아가씨(버니), 곱슬머리 아가씨(옌시), 날 좀 도와주겠니? 접시를 닦고 마루를 훔쳐 준다면, 야호! 이제 차 마실 시간이다."

옌시는 자기보다 세 살 어린 동생을 얼마나 잘 보살펴 주었는지 모릅니다. 버니 또한 옌시를 자기 보스로 인정하였고, 옌시가 어려움에 처한 것 같아 보일 때면 자신이 그 일을 당한 것마냥 염려해주었습니다.

우리 가족이 휴가를 맞아 미국에 가게 되었을 때 옌시는 여섯 살이었고 버니는 세 살이었습니다. 우리는 친정 부모님 댁에서 식사를 하고 있었는데 아이들이 바른 예절을 배우길 원하시던 친정아버지는 옌시를 식탁에서 물러나게 하셨습니다. 옌시가 무슨 행동을 했는지 보지 못했지만 나는 혼날 만

어린 버니가 소년을 향해 소리쳤습니다 "저리 비켜! 우리 언니란 말야"

여덟 살 된 한 사내아이가 자전거를 타고는
마치 길 듯이 달려들며 엔딕를 놀려대기 시작하였습니다
그때 그곳에서 놀고 있던 아이들 중
가장 어렸던 세 살 난 버니는
확를 내며 사내아이에게 소리를 질렀습니다
"우리 언니야! 그만 내버려둬!"

이 세상 최고의 친구 111

한 일을 했을 것이라고 생각했습니다. 어린 버니는 십 분 정도의 시간을 조용히 있더니 양해를 구하고는 식탁을 떠나 언니를 위로하러 침실로 향하였습니다. 아마도 버니에게 그 십 분은 고통스러우리만치 긴 시간이었을 것입니다.

그리고 그때 한 친구가 마치 수도원과도 같은 근사한 아파트로 우리를 데리고 갔는데 그 아파트 정원에는 아이들이 모여 놀고 있었습니다. 그 중에서 여덟 살 난 한 사내아이가 자전거를 타고는 마치 칠 듯이 달려들며 옌시를 놀려대기 시작하였습니다. 그때 그곳에서 놀고 있던 아이들 중 가장 어렸던 세 살 난 버니는 화를 내며 사내아이에게 소리를 쳤습니다. "우리 언니야! 그만 내버려둬!"

그해 휴가를 보내던 우리 식구들은 잠시 헤어져야만 했습니다. 아처는 옌시와 영국에 들린 뒤 예수원으로 갔고 버니는 내가 천식치료를 받는 몇 달 동안 나와 함께 있게 되었습니다. 얼마 후 다시 서울에서 만났을 때 버니와 옌시는 서로 좋아 어쩔 줄 몰라 하며 계속해서 뽀뽀를 하고 서로 떨어질 줄을 몰랐습니다. 아처와 나는 그 모습을 보며 흐뭇해서 감사했던 적도 있습니다.

예수원으로 돌아온 얼마 후, 하루는 버니가 근심스런 얼굴을 하고 방에 들어왔습니다. "아빠, 저번에 옌시 언니한테 너 죽었어라고 했던 아이가 여기에 왔어." 아빠인 대 신부가 말했습니다. "오빠들한테 가서 그 아이를 잘 감시하라고 일러주렴." 버니는 자신의 임무를 확실히 실행하겠다는 듯 결연한 태도로 방을 나섰고 20분쯤 지나 돌아와서는 이렇게 말했습니다. "아빠, 내가 직접 그 아이를 감시하기로 했어요."

그 당시 나는 이런 생각을 했던 것 같습니다. '벤은 얼마나 행운아인가! 돌봐야 할 두 딸아이들이 있어서 엄마의 간섭을 받지 않아도 되니 말이야.' 그때나 지금도 벤은 하나님의 도우심으로 자신의 길을 잘 가고 있으며, 편지를 통해 우리에 대한 그의 사랑이 여전하다는 것을 보여주고 있습니다.

이제 우리 아이들은 다 어른이 되었습니다. 하지만 모두 다 다른 모습입니다. 옌시는 상냥하고 친절하며 버니는 생기발랄하고 벤은 부드러우면서 침착합니다. 그들이 함께 모여 하나님께서 자신들의 삶에 행하신 것을 나눌 때 우리는 그들이 서로에 대해 갖고 있는 사랑과 존중하는 마음을 보게 됩니다. 남편과 나는 우리 친구의 부모님처럼 자녀들에게 남겨줄 유산은 없습니다. 그래서 그 아이들이 법정에 가는 경우는 없을 것이며, 더구나 서로 간에 있을 갈등에 대해서도 나는 염려하지 않습니다. 결국은 갈등을 통해서도 우리 아이들은 서로에게 최고의 친구가 됨을 확인할 것이기 때문입니다.

추억 여행과 보너스

예수원을 나선 나와 옌시는 마음에 잔뜩 기대를 품은 채 인천공항을 떠나 뉴욕으로 향했습니다. 마중 나온 아들 벤은 우리를 깜짝 놀라게 하였습니다. "내일은 뉴햄프셔에 가셔야 되요. 루우벤과 로잘린의 아기, 어머니 증손자의 유아세례가 있거든요."

옌시와 나는 아무 것도 모른 채 이 귀중한 행사에 맞추어 도착하게 되었던 것입니다. 가족들이 모이자 목사님은 2개월 된 아기를 하나님의 가족으로 환영하였습니다. 그것은 우리가 예수원에서 행하는 것과 너무나 흡사하였습니다. 예식이 끝나자 나는 손자를 품에 안을 수 있었습니다.

나는 그 작은 아기가 아들 벤(아기의 할아버지)의 세례식 때 내 어머니께서 친히 만들어 주셨던 바로 그 드레스와 속옷을 입고 있는 것을 보고는 눈물을 흘리고 말았습니다. 그 옷은 주름장식과 레이스로 장식된 흰색의 옷이었습니다. 55년 전에 만들어진 그 옷은 아주 소중히 보관되어 온 것이었습니다. 아기는 내 가족으로부터는 드레스를 내 남편의 가족으로부터는 성을 물려받았습니다. 아기의 이름은 루우벤 피터 토레이로 일곱 번째 루우벤입니다! 우리는 아기를 피터라고 부르기로 했습니다.

이것은 여행의 보너스치고는 너무 큰 것이었습니다. 원래 여행의 목적은 다른 가족 행사에 있었습니다. 벤의 둘째 아들인 토마스 폴과 아만다 킹 브린클리의 결혼식이 그것이었습니다. 나는 마음속으로 말했습니다. '고맙다 토마스야. 내 고향 노스캐롤라이나 샤롯데에서 아내를 골라주어서…

루우벤 피터가 아기의 고조모가 만든 세례복을 입고 있습니다

네 아내는 정말 남부의 미인이구나.'

결혼식 이틀 전에 도착해서 남부로 가야하는 긴 여행. 하지만, 그 덕에 우리는 가족과 친구들을 만날 수 있었습니다. 하객들이 원근각처에서 모였습니다. 우리는 한국에서, 신부의 조부모님은 푸에르토리코로부터 왔습니다. 초면의 어색함은 금세 사라졌습니다. 첫 날 저녁식사는 신부 측 부모가 마련했는데 우리에 대한 배려와 사랑이 가득 배어 있었습니다. 신랑 신부의 친구와 형제자매들은 최근 2년 동안 두 사람이 자신들을 어떻게 주님께 더 가까이 인도하고 성숙할 수 있도록 도왔는지에 대해 들려주었습니다.

토마스와 아만다는 양가부모에게 정성껏 준비한 선물을 드렸습니다. 그것은 자신들을 이 시간까지 이끌어준 부모님의 헌신적인 사랑과 삶으로 보여준 모범에 대한 감사의 글이었습니다. 또한 신부 들러리와 숙녀하객을 위한 점심식사 순서가 있었습니다. 또, 신부 집 뒤뜰에서는 모든 하객을 위한 파티가 있었습니다. 결혼식 전날 밤 신부는 자기 방에서 자신이 그린 미술 작품과 어렸을 적부터 간직한 소중한 것들을 우리에게 보여 주었습니다.

결혼식이 열리는 성 베드로 성공회 교회는 하객들로 꽉

들어찼습니다. 네 명의 젊은 자매들이 하나님께 찬양의 춤을 추면서 하객들을 맞이하였습니다. 제단 앞에는 신랑과 들러리와 모닝 스타 친목 교회 목사님이 함께 있었습니다. 그들 옆으로 모두 검정색 정장을 차려입은 나머지 신랑 측 들러리들과 신부 측 들러리들이 함께 자리를 하고 있었습니다. 검정색은 그들이 들고 있는 붉은 빛 장미와 오렌지 색 장미와 대조를 이루었습니다. 더구나 아버지 팔짱을 끼고 입장한 신부의 하얀색 꽃 장식은 들러리들의 검정색과 말할 수 없는 강렬한 대조를 이루었습니다.

한 들러리 자매가 찬양을 불렀습니다. 목사님은 결혼의 신성함에 대해 말하면서 신랑과 신부에게 질문을 하였습니다. 그리고는 아내와 남편으로 선포를 하였습니다. 신랑의 아버지 벤은 왕관을 쓰는 의식을 행했는데 이것은 동방 교회의 결혼예식 중 하나였습니다. 그리고 나자 주례자는 양가 부모와 조부모를 불러 토마스와 아만다를 둥글게 둘러싸게 하고는 그 둘이 서로 연합하고 하나님을 섬기는 데 있어서 함께 즐거움으로 시작할 수 있도록 한 사람 씩 기도하게 하였습니다.

이 예식에의 참석으로 미국까지 여행 온 보람을 충분히

느낄 수 있었습니다. 하지만, 지구 반대편에 살고 있던 우리는 미국에 온 이 기회를 놓치지 않기 위해 한 달 동안 머물러 있어야 한다고 생각했습니다. 옌시는 이런 내 제안에 동의하였고, 우리는 다음의 장소들을 더 들렸습니다.

우선 버지니아주 샤롯데 코트 하우스. 나와 남편이 5년간 살았던 선조들의 집으로 우리는 그곳에 살고 있는 린다와 피터 심스, 그리고 그들이 입양한 6명의 아이들을 보고 싶었습니다.

두 번째는 노스캐롤라이나주의 분으로 두 언니들을 보기 위해서였습니다. 87세의 마르다 호킨선과 89세의 프랜시스 포올 그리고 그들의 아들들과 가족들이 그곳에 있었습니다. 옛날을 회상하고 빛이 바랜 오래된 가족사진을 보며 미래에 대한 계획과 소망을 이야기한 아주 소중한 시간이었습니다.

세 번째로 조지아주 어거느타. 미술 선생님인 매리 도넌 허퍼트가 사는 곳으로 그녀의 아름다운 집은 1970년대 초반 그녀가 예수원을 방문했을 때 일 년 반 동안 묵었던 아무런 장식이 없는 작은 방과 아주 대조를 이루었습니다.

네 번째로 플로리다주 래이크랜드. 시누이와 그 남편인 글렌 존슨 목사를 만나기 위해서였는데 두 부부는 미국에서의 교회사역과 일본에서의 선교사 사역을 마치고 은퇴한 상태였습니다. 시누이는 〈세 문화권의 대사〉라는 부친의 관한 책의 저자이기도 합니다.

다섯 번째로 플로리다주 타폰 스프링스. 클레어의 아들 페이튼 존슨과 그의 가족을 방문하고 그가 개척한 교회를 가 보았습니다. 페이튼은 아주 오래 전 예수원에서 우리와 함께 6개월 동안 생활하였고, 삼촌인 아처에게 교회 기초석으로 놓을 예수원의 바위를 보내달라고 간절히 부탁하기도 하였습니다.

여섯 번째로 조지아주 성 사이몬스 아일랜드. 이곳은 아처와 내가 약혼을 했던 푸른 풀이 우거진 아름다운 곳으로 결혼 후 다시 돌아와 4개월 동안 머물렀고, 휴가기간에 다시 돌아와 장시간 머물렀던 곳입니다. 또한 이곳은 아처가 신학교를 마치고 목회자가 되어 백인을 위한 교회와 흑인을 위한 교회에서 사역을 한 곳이기도 합니다. 휴가 여행 중에 한번, 아처는 하나님을 열망하던 크리스쳔 친구들로부터 성탄교회를 세울 수 있도록 도와달라는 요청을 받은 적이 있었습니다. 그 친구들 중 하나인 에디쓰 랭고프스키는 여전히 우리를 환영하였고, 우리를 위해 아직도 기도하고 있었습니다. 그녀는 우리를 성령 기도회에 인도하였고, 옌시와 나는 복된 시간을 가졌습니다.

일곱 번째로 노스캐롤라이나주 데이빗슨. 이곳에서 우리는 대학 친구인 코러 웨이랜드를 방문하였습니다. 카라는 우리가 전주에 한일 대학을 설립하기 전 한국에 왔습니다. 우리는 다른 학교 친구들에게도 전화를 걸어 즐거운 대화를 나누었습니다. 카라는 여전히 열정적이고 기민한 성격 그대로였습니다.

여덟 번째로 버지니아주 클리프톤. 선희와 밥 코아리가 우리를 자신들의 아름다운 집으로 초대하였습니다. 밥이 장로로 또 선희가 교사로 있는 그들의 교회는 예수원과 오랫동안 특별한 친구 관계를 맺고 있는데 그날은 주일이라 교회 친구들은 다음날 방문하였습니다. 아침 점심 저녁, 우리는 멋진 교제의 시간을 가지며 한국음식으로 잔치를 열었습니다.

아홉 번째로 뉴저지주 포트리. 교회 일군이자 카운셀러인 김유선과 밥 블러벨트를 만났습니다. 우리는 훌륭한 한국 음식을 나누는 가운데 예수원에서 함께 있었던 날들을 회상하였습니다. 아주 오래 전 밥은 유선을 예수원 근처 산에서 잃어 버렸지만, 다행히 유선을 찾았고, 그녀를 찾은 기쁨은 지금까지 그에게 계속되고 있습니다.

열 번째로 코넷티컷주 엘링턴. 옌시의 능숙한 운전 솜씨

덕분에 우리는 여행을 시작한 곳으로 다시 돌아왔습니다. 벤의 집에 오자 리즈와 조안나가 우리를 맞았습니다. 우리는 예수원에서 '넷째 강 프로젝트'에 대한 첫 세미나를 마치고 돌아온 벤을 만날 수 있었고, 또 일과 학업을 위해 뉴욕 버논 산에 정착하려고 자신의 물품들을 가지러 온 토마스와 아만다를 때맞추어 만날 수 있었습니다.

하나님께서는 이 휴가기간 동안 있었던 여러 가지 일과 변화 가운데 우리를 보호하셨습니다. 나는 다시 강원도에 있는 집에 무사히 돌아갈 수 있도록 해주실 하나님을 또한 믿습니다.

위대한 전통

　　딸 옌시와 친구 버니스 그리고 나는 인천에서 LA까지 대서양을 건너는 비행기에 몸을 싣고 있었습니다. 이 세상 어떤 일도 이번 일처럼 중요할 수는 없을 것입니다.

　　지난 70년대, 십대의 나이로 예수원을 여러 차례나 방문했던 휴고는 우리 삶 속에 다시 찾아왔습니다. 2001년 우리가 버지니아에서 휴가를 보내고 있었을 때, 그는 우리를 두 번이나 찾아왔었습니다. 20년이 넘게 그를 보지도 소식을 듣지도 못했던 우리로서는 너무나 놀라운 일이었습니다. 그는 자신이 주님과 함께 새로운 시작을 하고 있다며 그가 하는 일에 우리를 초대하였습니다. 먼저 그는 예수원 TV라는 영어 웹사이트를 개설하기 원한다고 하였습니다. 지금 그 일은 우리에게 매우 중요한 일이 되었습니다.

다음으로 그는 우리에게 바이올라 대학에 방문해주기를 요청하였습니다. 그곳 학생들에게 살아있는 '토레이가의 사람들'을 보여주고 싶다는 것이었습니다. 그는 토레이 가족이 911 세계무역센터 비극의 생존자들에게 애도의 마음을 전했다는 것을 들었는데 이는 바로 LA 성경연구원 초대원장이었던 R.A. 토레이 박사를 기념하여 만들어진 토레이 명예 연구원에 등록한 학생들이 토레이 가족의 이름을 빌어 애도의 뜻을 전한 것이라는 사실을 알게 되었다고 했습니다. 그리고는 "가서 그 학생들이 해놓은 것을 보자고요."라며 휴고가 재차 방문을 요청하였습니다.

우리는 휴고의 아내 그리고 사랑스러운 두 어린 딸의 환대를 받고, 그의 교회를 방문한 뒤 홀리데이인 호텔로 안내되었습니다. 우리 중 어느 누구도 그곳에서 우리를 기다리고 있는 일에 대해 전혀 짐작조차 할 수 없었습니다. 코네티컷, 플로리다, 미주리, 펜실베니아 그리고 일본에 사는 사람들이 한자리에 모인다는 것이 가능한 일이었을까요? 그런데 그곳에는 아들 벤, 며느리 리즈, 남편의 조카 알로, 슬레이드, 페이튼, 그의 조카 손자 피어스가 있었고, 우리의 대자(代子)인 새미 림이 곧 도착할 예정이었습니다. 이 얼마나 놀라운 가족과 친구들의 상봉입니까?

캠퍼스 방문에는 여러 일정이 잡혀 있었는데, 총장과의 만남, 저명한 설교자와 함께 한 체육관에서의 예배, 교수진과의 점심, 비디오 인터뷰, 문학 논문 심포지엄 참가가 있었고 특히 '완전한 순종'이라는 제목의 다큐멘터리 영화 시사회 참가는 아주 특별한 의미를 주었습니다. 학생들은 토레이 가문의 친척들로부터 얻을 수 있는 모든 자료를 모아왔습니다. 거기에는 사진과 옛날 편지, 신문 스크랩, 일기, 루우벤 아처 토레이 1, 2, 3세의 정보를 얻기 위한 서적들이 있었고, 우리들은 학생들이 수집해온 자료들에 한껏 빠져버렸습니다.

영화에는 벤의 증조할아버지인 토레이 1세의 모습이 유년시절, 성장기 소년, 학생, 하나님의 실체를 찾는 젊은 시절 그리고 어디로 보내심을 받든(그는 전 세계를 돌며 두 대학의 설립을 도왔다) 하나님 따르기를 굳게 결심한 교사이자 설교자이자 작가로서의 모습으로 담겨있었습니다. 벤의 할아버지는 유년시절의 모습, 성경 컨퍼런스에서 부모님 그리고 누이들(이 숙녀들은 모두 1890년대 넓은 꽃 테두리로 장식한 모자를 쓰고 있었다)과 함께 노래를 부르던 청년시절, 중국 선교사 시절 아내와 자녀들과 함께 한 모습, 2차 대전 당시 장개석 총통이 수여한 훈장을 달고 있는 연락장교의 모습 그리고 자신도 사고로 한 팔을 잃은 채 한국전쟁 후 대한민국에서 장애인들을 위한 프로젝트를 시작한 일들이 그려져 있었습니다. 그리고 벤의 아버지인 아처는 아버지의 팔에 안긴 유아 때 모습, 중국에서 보낸 소년 때의 모습, 전쟁기간 선원으로 보내던 모습 그리고 한국에서 선교사로 보낸 모습들이 담겨 있었습니다.

모두 세 부분으로 되어 있는 영화에는 각 부분마다 제목이 있었습니다. 토레이 1세에 대해서는 성경에 대한 강력한 가르침과 저술활동으로 인해 '믿음의 사도'로, 토레이 2세는 전쟁시절 중국에서의 사역과 한국에서 신체장애인들을 위한 도움을 펼친 것으로 인해 '사랑의 사도'로 불렸습니다. 토레이 3세(대천덕 신부)는 예수원 설립으로 인해 '기도의 사도'

로 이름지어졌습니다. 그들 모두는 결단과 거룩한 포기를 통해 하나님이 부르신바 사명의 길을 따른 것입니다.

가능한 자료들의 진위를 확실히 하기 위해 휴고와 학생들은 플로리다까지 날아가 아처의 누이인 클레어와 인터뷰를 하였고, 특히 휴고는 벤과 알로에게 캘리포니아까지 전화를 걸어 3대에 대한 이야기를 해달라고 하였습니다. 삼대를 이어내려온 이 세 사람은 행동도 성품도 사역도 달랐지만 하나님의 부르심을 듣고 순종하려는 그들의 소망에 있어서만큼은 한결같이 일치하였습니다.

나는 벤에게 물었습니다. "얘야, 우리가 너를 토레이 4세로 이름을 짓지 않아 섭섭한 건 아니냐?" 아들의 대답은 분명하였습니다. "아니요! 셋이면 충분해요." 하지만 벤도 주님의 음성을 듣고 사역을 시작하였던 자신의 아버지와 할아버지와 증조할아버지의 삶을 따르고 있습니다.

벤의 아버지 아처와 예수원 가족들은 양 목장을 청소년 캠프장과 컨퍼런스센터로 바꾸려고 계획했으나, 아처의 죽음과 다른 여러 상황들로 인해 계획을 실행하지 못하고 있었습니다. 이제 벤의 마음은 북한 백성을 향해 타오르고 있습니다. 북한을 돕고자 하는 그의 비전에 우리의 비전이 더해

루우벤 아처 토레이 I세, II세, III세

져서 그는 여전히 답보 상태에 있는 우리의 모든 계획을 기꺼이 맡았습니다. 50대의 CEO인 벤은 우리의 필요에 놀라운 응답인 것입니다.

때문에 요즘 내가 드리는 기도의 제목은 이것입니다. "주님, 저의 부족하고 연약한 삶의 여정을 도우셔서 토레이 가문에 대대로 내려오는 이 전통에 아주 작은 의미라도 되게 하소서."

부모의 기도가
자녀를 바꿉니다

"**나 여호와 너의 하나님은** 질투하는 하나님인즉 나를 미워하는 자의 죄를 갚되 아비로부터 아들에게로 삼사 대까지 이르게 하거니와 나를 사랑하고 내 계명을 지키는 자에게는 천대까지 은혜를 베푸느니라"(출 20:5~6).

비록 하나님은 질투하고, 당신을 미워하는 자들에게 대를 물려 고통을 허용하는 하나님이시지만, 하나님은 사랑의 하나님이시기도 합니다. 하나님은 당신을 사랑하는 자들에게 은혜를 3~4대에 걸쳐 허락하십니다. 우리는 종종 사람들이 "나는 3대째 그리스도인입니다."라고 말하는 것을 듣습니다. 혹은 4대째 그리스도인이라는 말도 듣습니다. 참으로 감사해야할 일입니다.

그렇다고 첫 세대 그리스도인들이 하나님의 은총 가운데 있지 않다는 말은 아닙니다. 하나님께서는 사랑과 큰 기쁨으로 그들을 품으시며, 모든 면에서 긍휼을 베푸십니다. 이곳 예수원에 있는 우리들은 불교나 유교 또는 샤머니즘전통에 영향을 받고 온 이들을 일 세대 그리스도인으로 만들기에 힘쓰고 있습니다. 이들 한 사람 한 사람은 예수님께 있어서 귀한 상급입니다.

우리 가족은 많은 복을 받았는데, 그 연유는 남편의 아버지는 선교사였으며, 또 그분의 아버지(무디 선생과 함께 사역을 하였고 무디 학교 교장을 맡았던 토레이 1세: 편집실)는 세계를 다니며 복음을 증거한분 이셨기 때문입니다. 나의 아버지도 장로교의 장로였으며, 어머니의 가족들은 모두 하나님을 경외하던 사람들이었습니다. 하나님께서는 우리에게 늘 긍휼을 베풀어 오셨습니다.

최근에 나는 수 세대에 걸쳐 내려온 하나님의 특별한 은혜를 보고 있습니다. 아들 벤은 미국에서 잘나가는 컴퓨터 사업을 운영하는 가운데, 한 교회를 성장시키는 일과 또 다른 여러 가족들과 함께 기독학교를 육성하는 일을 하고 있었습니다. 며느리도 사회활동에 열심히 참여하고 있었습니다. 나에게 아이들이 살고 있는 크고 아름다운 집에 들려 손자들의 성장한 모습을 보는 것은 참으로 큰 기쁨이었습니다.

하지만, 벤이 이 모든 것을 뒤로 하고 아처가 그토록 실현하고 싶어 했던 프로젝트를 돕기 위해 한국에 온 것은 전혀 예기치 못한 일이었습니다. 그 사업은 바다로 이어지는 산맥의 아름다운 경관이 내려다보이는 가축 농장을 청소년들을 위한 캠프와 재활프로그램 센터 그리고 컨퍼런스 센터로 바꾸는 것입니다. 나는 이 아름다운 경관이 가축보다는 사람들이 더 즐길 수 있도록 그렇게 되어야 한다고 생각했습니다. 이곳은 사람들이 자연 속에서 강의를 듣고 젊은 세대들이 백두대간을 도보 여행하며 하나님의 놀라운 창조를 한껏 즐기는 장소가 될 것입니다.

예수원의 형제자매들은 리더였던 아처가 소천한 뒤, 이 프로젝트를 수행하고 싶어 했습니다. 하지만, 모두들 많은 시간을 요구하는 과중한 일을 맡고 있었기 때문에 이 일을 책임지고 수행해나갈 대표를 필요로 하였습니다. 북한에 대한 관심을 더해가고 있던 벤은 공석이었던 이 직임을 맡았고 요한 형제와 더불어 이 사업의 진행을 계속 모색하고 있습니다.

벤은 그보다 앞서 일을 했던 사람들처럼, 여러 정부 기관의 허가를 받고 국가 정책에 맞추어 일해야 한다는 면에서 어려움을 겪고 있습니다. 그러나 이전에 진행된 모든 조사와 최근 몇몇 도움을 주는 분들에 의해 프로젝트의 전망은 더 밝아 보입니다. 또한 많은 사람들이 이 프로젝트가 갖고 있는 북한사역에 관심을 나타내고 있습니다.

그 중 한분이 바로 김형식 박사입니다. 김 박사는 중앙대학교 교수로서 최근에는 베트남을 방문하여 그곳에서 장애인을 위한 프로젝트에 참여하였습니다. 그전에는 호주에서 18년 간 교수로 있었으며, 한국에서 공부를 한 뒤, 독일과 영국에서 학위과정을 마쳤습니다.

어린 시절, 그는 대전 길가에서 고아로 발견되었습니다. 한국 전쟁이 막 끝난 때였고 그는 전쟁 속에서 한 쪽 팔을 잃었습니다. 그때 한 선교사가 그를 집으로 데리고 갔습니다. 선교사는 열 한 살의 소년을 다른 손이나 발이 없는 장애우들과 함께 수업을 듣게 하였으며, 그에게 의수를 끼워주고, 갈고리를 사용하는 방법을 알려주었습니다. 이 얼마나 놀라운 사랑의 결과입니까! 지금 김형식 박사의 삶은 바로 그 보잘 것 없고, 소망이 전무했던 어린 삶에서 시작된 것이었습니다.

우리에게도 이 일은 복이 되었습니다. 왜냐하면 그 소년을 도운 선교사가 바로 아처의 아버지인 토레이(R.A. Torrey)박사이기 때문입니다. 김 박사는 토레이 박사의 손자인 벤이 제안한 프로젝트를 돕고 싶어 합니다. 재활프로그램에 김 박사가 참여하여 그의 지식과 경험을 나누어 주고 많은 협력자들을 알게 된 것은 벤에게 얼마나 큰 도움이 되는지요. 할아버지인 토레이 선교사의 사역(그분은 '사랑의 사도'라고 불리고 있습니다)이 아니었다면 이러한 도움은 가능하지 않았을 것입니다.

벤의 할아버지 토레이 선교사는 예일대학 시절, 세상에 속한 학생이었습니다. 그는 인생의 목적을 찾으려 했지만 절망했고 결국 자살을 시도하였습니다. 그러나 바로 그 시점에 하나님은 비탄의 벽을 허물고 그에게 자신을 드러내셨습니다. 그는 예수님께 자신의 모든 번민과 죄를 내려놓았고 그

기도탑에서 자녀들과 손자, 손녀를 그리고 앞으로 생겨날 자녀들과 손자, 손녀들의 자녀들까지
모두를 위해 기도하고 있는 루우벤 아처 토레이 II세

후로 그의 삶에 목적을 갖게 되었습니다. 그의 목적은 성경의 여러 면모를 집필하고 세상을 향해 말씀을 선포하므로 하나님의 구원의 메시지와 성령의 능력을 널리 전하는 것이었습니다.

어떻게 그러한 변화가 일어날 수 있었던 것일까요? 토레이 박사는 그의 대모가 끊임없이 기도해준 덕분이라고 늘 말했습니다. 때문에 기도는 그의 가르침에서 가장 중요한 주제였으며, 하나님과 가깝고 즐거운 대화를 나누는 수단이었습니다. 우리는 지금도 그가 자신의 사역과 환경과 세계와 가족과 친구들을 위해 매일매일 하나님을 만나던 펜실버니아 집의 둥근 지붕 밑 작은 기도 탑을 볼 수 있습니다. 또한 기뻐할 것은 그가 자신의 자녀뿐 아니라 그 자녀의 자녀 그리고 또 그 자녀의 자녀까지도 기도했다는 것입니다. 이제 우리는 하나님께서 그 기도에 대한 응답으로 이끄시는 5세대를 보고 있습니다. 어머니들의 기도가 세대를 넘어 다른 세대에 영향을 주듯이 말입니다.

또 하나의 가족,
예수원

또 하나의 가족, 예수원

예수원은 독신 형제와 자매 그리고 자녀가 있는 가족들이 함께 살아가는 공동체입니다. 우리들은 하나님의 백성들이 함께 모여 자신의 삶과 소유를 나누며, 사랑 안에서 서로에 대한 책임을 다했던 초대교회처럼 되기를 원하고 있습니다. 초대교회에는 가난한 자가 없었습니다. 그들의 하나 되는 모습 속에서 하나님은 놀라운 기적을 행하셨던 것입니다. 지금도 예수원의 식구들은 그들과 같이 되기 위하여 긴 여정을 계속하고 있고 그들의 삶은 우리가 여전히 추구하고 있는 목적지입니다.

함께 살아간다는 것은

　　친형제가 아닌 사람을 마치 제 형제처럼 사랑할 수 있을까요? 물론 가능합니다. 혈관에 같은 가족의 피가 흐르지 않더라도 그보다 더 강한 것을 공유할 수 있기 때문입니다. 또한 우리는 예수님의 보혈을 통해 그분의 가족으로 묶여진 관계이기 때문입니다.

예수원의 식구들은 여섯 명의 미혼 형제와 열여섯 명의 미혼 자매 그리고 열 가정의 부부와 그 사이에서 태어난 스물네 명의 자녀로 구성되어 있습니다. 이들은 거친 산기슭에 살고 있으며 이들 외에도 한 때 우리와 함께 살았던 수백 명의 형제자매들이 다른 곳에서 살고 있지만 이들 모두가 여전히 예수원의 가족입니다.

우리가 예수원과 같은 그리스도인의 공동체를 이루고 사는 것처럼, 일반사람들에게도 함께 사는 것이 중요한 것일까요? 물론 모든 사람이 이런 공동체 삶을 살아야 하는 것은 아닙니다. 다만 우리는 공동체로 살도록 부름을 받았고 그럼으로써 하나님을 위한 사역을 할 수 있고 또한 우리 혼자서는 할 수 없는 일, 예를 들어 영적인 휴식공간을 찾는 사람들을 위하여 장소를 마련하는 것과 같은 일을 할 수 있다고 믿습니다.

또 우리는 다른 사람과 함께 가깝게 지냄으로써 자신의 단점을 더 잘 파악할 수 있으며 여러 면에서 다른 우리들이 서로서로 사랑함으로써 이를 통해 세상이 예수님의 사랑을 알 수 있게 됩니다. 이것이 바로 우리가 소망하는 바입니다. 물론 처음부터 우리 식구가 많았던 것은 아닙니다. 우리는 처음에 한 가족으로 시작하였고 이후 다른 사람들이 가족의 일원으로 공동체 가운데 들어오게 된 것입니다.

처음엔 남편인 아처와 아들 벤이 커다란 군용 천막에서 자원봉사자들과 함께 살았습니다. 그리고 집의 한 켠이 지어지자 두 살 난 옌시와 내가 들어가 살았습니다. 일 년 뒤 막내 버니가 태어났고 이로써 토레이 가족이 구성되었습니다. 우리는 개울가에서 물을 길어왔고 개울가에서 얼음을 깨가며 빨래를 했습니다. 촛불과 등유불로 집을 밝혔고 연탄불로 요리를 하였으며 화로에 나무를 때며 몸을 녹였습니다.

이런 생활은 13년 간 계속되었고 하나님은 순간순간 우리를 도우시고 힘을 주셨습니다. 우리로 하여금 이런 삶을 살도록 이끄신 분이 하나님이시라는 것과 하나님께서 우리와 늘 동행하신다는 것을 우리는 잘 알고 있었습니다. 또한 하나님께서는 60년대와 70년대 북한의 무장공비들로부터 우리를 보호해 주셨으며 등하교길 가운데서 우리 아이들을 지켜주셨습니다. 그리고 하나님께서는 벤에게 용기를 주셔서 아버지 아처와 함께 집을 세우고 채소밭을 가꾸는 개척의 일을 감당할 수 있도록 하셨습니다. 또 남편 아처에게 그 분의 큰 사랑과 함께 놀라운 상상력을 주셔서 다른 모든 식구들을 이끌어 기쁨의 공동체를 만들어 가게 하셨습니다.

우리를 찾아온 사람들과 더불어 계획대로 일을 이루므로 승리의 기쁨을 맛보았던 많은 순간들이 있었습니다. 물론 시련의 때도 있었지만 오히려 그 시기를 통과하면서 우리는 하나님의 변함없는 사랑을 배웠습니다.

지난 시절 겪은 시련들에 비하면 지금 우리가 겪는 시련은 오히려 아무것도 아닌 것처럼 보이기도 합니다. 지금 우리 마을을 가로질러 나 있는 초고속도로를 보면 그 옛날 먼지를 뒤집어쓰면서 늘상 걸어 다녀야 했던 먼지 나는 바위 길이 그곳에 있었는지 조차 잊어버릴 정도입니다.

한번은 아처와 벤이 서울 여행을 마치고 돌아오던 길에 비가 내리기 시작했습니다. 그 비 때문에 황지에서 하사미동까지 버스가 끊기게 되었습니다. 집으로 오는 15마일(약 32km)의 길에 홍수가 난 것이었습니다. 남편과 아들은 하는 수 없이 길 위쪽 언덕으로 걸어와야만 했습니다. 이따금씩 길이 보이긴 했지만 비에 덮힌 산길은 직감으로 더듬으며 걸어야 했습니다.

그런데 그 때 벤의 발이 아파오기 시작했습니다. 아처는 벤의 고통을 조금이라도 덜어주려고 벤에게 재미난 이야기를 들려주기 시작했습니다. 그러면서 그들은 계속 걸어갔습니다. 결국 벤은 신발을 벗고 아픈 발을 바위와 나무토막 위에 걸쳐놓아야 했습니다. 그럼에도 불구하고 벤은 아버지와 대화를 나누면서 그리고 언젠가는 집에 도착해 두 발을 뻗고 쉬면서 엄마가 끓여주는 핫초코를 먹을 수 있다는 생각으로 8시간 되는 길을 걸어올 수 있도록 하나님께서 힘을 주셨다고 말했습니다.

버니에게도 시련의 때가 있었습니다. 등유 불 위에서 펄펄 끓고 있던 주전자 물이 버니 발에 엎질러진 것이었습니다. 이 일이 있은 뒤 얼마 있지 않아 마을 학교에서 11km정도 떨어진 하장에서 글짓기 대회가 있었는데 버니도 아픈 발을 이끌고 이 대회에 참여하게 되었습니다. 한 형제가 붕대로 발을 감은 버니를 버스에 태워 대회장까지 다녀온 것이었습니다.

버니는 어린 나이에도 하나님을 의지하여 아픔을 잘 참고 대회에서 제 책임을 성실하게 해냈습니다. 물론 그 후로도 오랫동안 붕대를 감고 약을 발라야 했지만 말입니다. 아직도 버니의 발에는 그 상처가 남아 있습니다.

옌시의 경우도 마을 초등학교 시절 많은 어려움이 있었습

예수원의 한 형제가 다쳐서 걷지 못하는 버니를 버스까지 업고 갑니다

니다. 옌시는 다른 아이들과 모습이 달랐기 때문에 더 그랬습니다. 당시에는 옌시가 얼마나 힘들었는지 깨닫지 못했고 지금에 와서야 알게 되었습니다. 옌시는 당시의 어려움을 우리와 나누지 않았던 것입니다.

그런 옌시를 두고 몇 년 전 학교 선생님이 찾아와 "제가 교실을 걸어 다니면 아이들은 책상을 가려 무엇을 하고 있는지 알 수 없게 했는데 옌시만은 그러지 않았어요. 자신이 무엇을 하고 있는지 가리지 않았습니다. 정말 정직한 아이였어요."라고 말했을 때 나는 복 받은 어머니라는 생각에 많이 행복했습니다.

물론 우리와 함께 살았던 다른 식구들도 많은 시련을 겪었습니다. 일을 해나가며 서로의 의견이 맞지 않았고 사고가 있었고 의료진의 도움 없이 아이들이 태어나기도 했습니다. 세 번의 화재로 소중한 것들을 잃어야 했고 맨 손으로 산을 개간하고 집을 지으며 엄청난 수고를 해야 했습니다.

그렇습니다. 돌이켜보면 그 옛날 먼지투성이였던 길은 기억조차 하기 힘들고 이전의 숱한 갈등과 시련들이 있었다는 것조차 믿겨지지 않을 정도입니다. 지금은 그 모든 것들을 돌아보며 하나님께서 우리에게 행하신 것들로 인해 기뻐하고 감사할 뿐입니다.

집을 세우는 데 어려움이 많았던 시온 건물 외에도 지금은 드로아, 가버나움, 석성, 베들레헴 그리고 아나돗이 마을 사람들을 비롯한 여러 도움의 손길로 지어졌으며 고도의 기계장비로 세워진 나사렛과 쥬빌리도 있습니다.

우리 집은 우리가 드리는 감사로 항상 넘쳐납니다. 예수원의 가족들과 매주 100명씩 년 간 10,000명씩 예수원을 찾는 손님들은 우리 감사의 조건입니다.

우리는 하나님께서 우리에게 명하신 일로 인하여 그리고 우리 마음에 그 일에 대한 부담을 주신 것에 감사를 드리고 있습니다. 하나님께서는 십자가의 의미, 성령의 사역, 성도의 교제, 성경의 연대기, 문맹자들을 위한 전도, 성경적 토지정의, 낙태에 반대하는 가르침을 행하도록 우리에게 허락하셨으며 북한에 대한 깊은 관심도 갖게해 주셨습니다.

우리는 대가족입니다. 하지만 그 안에는 작은 단위의 가족들이 있습니다. 지난주에는 예수원에서 엘론(배경한) 형제와 에제르(이유주) 자매의 결혼식이 있어서 큰 기쁨을 누리기도 했습니다. 예식의 진행은 목회자인 벤이 맡았습니다.

신랑의 부모와 친구들이 예수원을 찾았고 이들로 성전은 발 디딜 틈이 없었습니다.

그때 깨달았습니다. 우리가 바로 교회라는 사실을. 그리고 교회 안에서 성령님을 통하여 역사하시는 하나님께서 결혼에 가장 든든한 기반이 되신다는 사실을 말입니다. 신랑과 신부는 서로에게 충실할 것을 서약하였습니다. 그러나 그들이 서약을 지키며 삶을 통해 더 강하게 되는 것은 둘의 마음에 역사하고 계시는 하나님이 하시는 것입니다.

반지를 교환하고 신랑은 작은 십자가를 신부의 목에 걸어주었습니다. 그리곤 그들을 한 가정의 왕과 왕비로 세우는 왕관이 신부와 신랑에게 씌워졌습니다. 왕관은 또한 순교를 의미하는 것이기도 합니다. 왜냐하면 결혼은 한 사람이 다른 사람을 위해 계속해서 죽는 것이기 때문입니다. "남편들아 아내 사랑하기를 그리스도께서 교회를 사랑하시고 위하여 자신을 주심 같이 하라"(엡 5:25).

이날 결혼식을 통해 자신을 죽이는 것이 얼마나 중요한지를 다시금 깨달을 수 있었습니다. 물론 이렇듯 자기 자신에 대하여 죽는 삶은 결혼생활뿐 아니라 공동체 안에서도 창조적인 사랑과 놀라운 하나 됨을 이룰 것입니다.

하나 됨을 통하여

　예수원은 독신 형제와 자매 그리고 자녀가 있는 가족들이 함께 살아가는 공동체입니다. 우리들은 하나님의 백성들이 함께 모여 자신의 삶과 소유를 나누며, 사랑 안에서 서로에 대한 책임을 다했던 초대교회처럼 되기를 원하고 있습니다. 초대교회에는 가난한 자가 없었습니다. 그들의 하나 되는 모습 속에서 하나님은 놀라운 기적을 행하셨던 것입니다. 지금도 예수원의 식구들은 그들과 같이 되기 위하여 긴 여정을 계속하고 있고 그들의 삶은 우리가 여전히 추구하고 있는 목적지입니다.

이곳에는 독신인 형제자매들뿐 아니라 자녀를 둔 부모들도 함께 생활하고 있습니다. 이들 모두는 예수원의 사역이 중단 없이 진행되도록 여러 가지 많은 일을 돕고 있습니다. 그들은 바로 예수님을 위한 자원자들로 참으로 귀하고 복된 일을 하고 있습니다. 이들은 하루 세 번 식사를 준비하는데 어떤 때는 100인분이 넘는 식사를 준비하기도 합니다. 장을 보고, 운전을 하며 트럭과 밴을 정비하고 일주일에 약 100장 정도 되는 양의 시트를 빨고 예수원 안에 있는 모든 방을 청소하기도 합니다. 또한 도서실과 티룸, 선물의 집을 운영하며 멋진 목공예품과 예쁜 꽃 카드를 만들고 출판 일도 하고 있습니다.

자녀가 있는 부모들은 24명의 아이들을 함께 돌보고 있습니다. 매일 유치원에서 아이들을 가르치고 오후에는 초등학교 학생들을 지도하며 주일에는 주일학교를 이끌어갑니다. 형제자매들은 수도를 관리하고 난방시설을 돌볼 뿐 아니라 보수와 건설일도 하고 있습니다. 채소를 기르고 가축을 치며 화원을 가꾸고 산나물을 캐기도 합니다. 그 외에도 여러 모임에 참여하고 있는데 모임에서는 기도와 연구 그리고 가르치는 모든 일들에 대한 계획을 하고 있습니다. 뿐만 아니라 일주일에 100여 명의 손님을 맞는 손님부 일도 감당하고 있습니다. 물론 이들은 예수님을 위한 무보수 자원자이며 하나님께서 자신을 사용해주시는 것에 늘 감사하고 있습니다.

살아온 배경이 다른 다양한 사람들이 함께 모여 살다보니 하나님께서 각자에게 주신 은사가 참으로 다양하다는 사실을 발견합니다. 가끔 아이들에게 "예수원에서 지내면서 가장 좋은 것이 뭐니?"라고 물으면 아이들은 이렇게 대답합니다. "여러 사람들이 있으니까 다양하게 많은 것들을 배울 수 있다는 거죠." "자연과 함께 산에 있는 것이 좋아요." 아이들은 이런 것들을 수업시간에 배운 적이 없습니다. 일상생활을 통해, 우리 안에 일어나는 많은 일들을 통해 그래서 자신의 책임을 다하는 것에 대해 배우는 것입니다.

몇 년 전 아처가 한 달이 넘도록 병원에 입원한 적이 있습니다. 저는 그 때 대가족의 축복을 경험할 수 있었습니다. 당시 서울에 살고 있었던 에스라(이학준) 형제는 예수원에 함께 있었던 형제들에게 그 사실을 알리고 밤낮으로 교대해가며 아처를 돌보게 했습니다. 그리고 히스기야(서수철) 형제는 "내가 신부님 곁에 있겠다."며 아처를 항상 돌보았습니다. 아처 뿐 아니라 예수원의 식구 중 어느 누구라도 병원에 입원을 해야 할 상황이 생기면 늘 그랬습니다. 이렇듯 어려움에 처한 누군가가 생기면 그를 돕기 원하는 사람이 예수원에는 늘 있습니다.

어떤 아이의 아버지와 어머니가 함께 외출을 할 때면, 그들이 속한 공동체의 다른 아주머니와 아저씨가 대신 그 아이를 돌보아줍니다. 때로는 부모와 자녀가 함께 공동체를 떠나 그들만의 여행을 가기도 하는데 여행이 끝나면 가족들은 공동체를 그리워하며 바로 공동체로 돌아오고 싶어 합니다.

아직 결혼하지 않은 형제자매들은 공동체에서 하나 또는 그 이상의 일들을 보다 전문적으로 할 수 있는 귀한 식구들입니다. 예수원에서는 나무 십자가를 만들어 그것으로 주 수입원을 삼고 있는데 이렇게 되기까지 기드온 형제는 끊임없이 이 일을 이끌고 개발하였습니다. 또 많은 훈련을 받으며 성장해온 유치원 교사 모나 자매는 작년 휴가 전까지 학교에 입학할 어린이들을 정성으로 가르쳤습니다.

우리들은 늘 주님과 교제하고자 합니다. 그래서 매일 아침 함께 모여 한 시간씩 주님의 말씀을 공부합니다. 또한 정오에 30분 이상 중보기도를 드리며 저녁에는 한 시간 이상 찬양과 기도와 말씀공부를 합니다. 우리 시간의 십일조를 드리고 있는 것입니다. 이 모임은 우리가 꼭 해야 하는 하루의 일과이며 이외에도 각 부서별 모임과 여러 세미나들이 진행되고 있습니다. 그러나 이런 정적인 일들이 우리 삶의 모든 부분은 아닙니다.

가끔 필요에 따라 즐거운 프로그램이 진행되기도 하는데 이 시간 역시 모두 성심껏 참여합니다. 특히 48기 지원생 형제자매들은 그들의 3개월 과정을 마치기 전 '나다나엘의 성스러운 변화' 라는 공연을 통해 우리를 아주 즐겁게 해 주었습니다.

이 공연은 조금 독특한 면이 있는 형제에 관한 내용이었습니다. 극중에는 특이한 나다나엘이라는 인물에 대한 많은 에피소드가 있었고 그 역할을 한 형제가 아주 뛰어난 솜씨로 연기하고 있었습니다. 지원생 형제자매들은 밤낮으로 기도하며 나다나엘 형제의 나쁜 점을 고쳐달라고 그것이 아니면 자신들이 나다나엘을 이해할 수 있게 해달라고 애원하는 모습을 연기를 통해 잘 보여주었습니다.

콜롬바와 나단 그리고 그들의 자녀들이 우리를 즐겁게 합니다

오랜 세월 동안
하나님이 우리에게 허락하고 예비하신
끊임없는 기적들
특히 예수원 가족들을 온전케 하시기 위해
예비해주신 모든 기적을
우리는 결코 감(減)할 수 없습니다

마침내 그들은 그를 이해할 수 있었고 심지어 그를 칭찬까지 하게 되었습니다. 나다나엘을 보는 그들의 시각이 변화된 것입니다. 그래서 하나님께서는 나다나엘 형제를 변화시키지 않으셔도 되었던 것입니다. 그렇게 공연의 막이 내릴 때 커튼 뒤로부터 두 형제가 나와 인사를 하였습니다. 한 형제는 연기자였고 다른 사람은 극의 실존 인물인 나다나엘(탁동철) 형제였습니다.

　최근에는 주일학교에서 또 하나의 연극 공연이 있었습니다. 선생님들이 아이들에게 춤을 가르쳤는데 솜씨가 너무 훌륭해서 얼마나 열심히 연습을 했는지를 알 수 있었습니다. 아이들이 음악에 맞춰 공연을 하는 모습은 참 여유롭고 흥미로웠습니다. 우리는 그 모습에 크게 감명을 받았습니다. 다른 누구라도 이들보다 더 잘할 수는 없을 것 같았습니다. 그 후에도 교사들, 어머니들이 똑같은 공연을 했습니다. 미숙한 부분도 있었지만 훌륭한 공연이었습니다.

　하루는 머리에 가장 많은 양의 물건을 지고 오는 시합도 하였습니다. 버니와 딜런은 머리에 물건을 열심히 쌓아 올렸습니다. 결국 버니는 찬송가 10권을 머리에 올려놓고 정해진 시간에 방을 한 바퀴 돌아 우승을 하였습니다. 20년 전 마을에 있는 학교에 다니면서 책가방을 머리에 이고 걸었던 버니를 생각할 때 그것은 당연한 결과였습니다.

또 한 가족이 무대에서 공연을 할 때 우리 모두가 매료되었던 적도 있습니다. 엄마인 콜롬바(김정숙)는 피아노로 향했으며 아빠인 나단(안동원)이 무대 커튼을 열자 무대 중앙에는 그들의 세 자녀가 서 있었습니다. 14세의 토마시나(안영), 10세의 솔로몬(안혜찬), 3세의 에피다니오(안유찬)는 자기 키에 맞는 바이올린을 들고 있었는데 그들 가족은 그 악기를 가지고 함께 찬송가를 연주하였습니다. 정말 아름다운 연주였습니다.

그런데 막내의 바이올린 연주 소리는 진짜로 연주하는 소리였을까요? 에피다니오는 자기가 소리를 낸다고 생각하고 있었지만 알고 보니 막내 에피다니오의 바이올린은 장난감이었습니다. 하지만 그 누구보다도 열심히 바이올린을 연주하고 있었습니다. 나중에는 소리를 따라가지 못해 연주 대신 지휘를 하기도 했습니다. 우리의 이런 특별한 행사는 우리를 더욱 하나 되게 하기 때문에 평소보다는 많이 지치고 힘들 때에 진행하고 있습니다.

한번은 나이가 제일 어린 지원이와 그 다음으로 어린 국토가 거의 죽을 뻔한 사고를 당한 적이 있었습니다. 우리는 모든 일을 제쳐두고 병원에 있는 그 아이들을 위해 열심히 기도했습니다. 결국 하나님께서는 그 아이들을 건강하게 회복시켜 주셨습니다.

우리들은 이렇게 초대 교회와 같은 기적을 체험하고 있습니다. 이러한 하나님의 치유하심은 놀라운 것입니다. 이토록 오랜 세월 동안 하나님이 우리에게 허락하고 예비하신 끊임없는 기적들, 특히 예수원 가족들을 온전케 하시기 위해 예비해주신 모든 기적을 우리는 결코 감(減)할 수 없습니다.

꿈이 이루어졌습니다

예수원 초창기 당시 우리 가족은 방이 두 개 딸린 좁은 공간에서 지냈습니다. 그곳에서 네 식구가 살았는데, 일 년 동안은 어미 고양이와 아기 고양이 세 마리도 함께 살았습니다. 공간은 작았지만 우리는 그 공간을 유용하게 사용할 수 있도록 만들었습니다. 그래도 나는 좀 더 큰 공간을 꿈꿨습니다.

예수원에는 산을 가로질러 킹스버리 가족들이 살고 있던 락버리(Rockbury:지금은 '석성'이라 불린다)라고 불리는 집까지 가는 길이 있었습니다. 길 중간에는 작은 둔덕이 하나 있었는데 그 둔덕은 길 가운데 비교적 넓은 공간을 차지하고 있었고 마치 동화 〈헨젤과 그레텔〉에 나오는 집처럼 내가 꿈꾸던 모든 것을 갖출 수 있을 만큼 충분히 넓은 공간이었습니다.

나는 그 집을 '과자로 만든 집'이라고 불렀는데 마음속으로 그곳에 함께 놀면서 음악을 즐길 수 있는 피아노가 있는 큰 방과 조용히 공부할 수 있는 작은 방이 있다고 생각했습니다. 그리고 아이들이 안전하게 뛰놀 수 있고 맞은 편 산의 나무들이 잘 보이도록 사방으로 울타리가 쳐져 있는 돌출형 베란다를 마음속으로 그려보았습니다.

옌시와 버니가 일곱 살과 네 살이 되었을 때, 아이들은 그곳 둔덕에서 놀면서 공부하고 또한 자신들의 영혼을 살찌우면서 많은 시간을 행복하게 보낼 수 있었습니다. 아이들은 마음껏 소리 지르며 뛰어 놀 수 있었고 아기 고양이들도 함께 했습니다. 우리 부부와 다른 가족들은 수시로 그 길을 지나다니며 아이들이 노는 것을 살펴보고 아무 일이 없는 지

확인하였습니다. 그때 아이들의 아름다운 모습은 지금도 나의 마음에 남아있습니다.

이제 세월이 흘러 두 딸들은 장성하였습니다. 1990년 옌시가 27번째 생일을 맞이하던 5월 5일, 마침내 우리는 '과자로 만든 집'의 꿈이 현실로 나타난 '가버나움'의 성대한 오프닝을 치뤘습니다. 그때 미국에 있던 옌시가 때 마침 우리를 방문하였습니다.

그 개원식이 있기까지 나는 '과자로 만든 집'의 꿈을 마음속에 지속적으로 품어왔습니다. 약간의 돈이 모이고 있는 가운데, 국제청소년선교회(Teen Mission International)에서 예수원에 무언가를 지어주겠다는 제의가 있었습니다. 그래서 우리는 "예, 그렇게 해주세요. 이곳에 오셔서 아이들을 위한 집을 지어주세요."라고 하였습니다. 옌시와 버니는 이미 오래 전에 커버렸지만 당시 예수원에는 놀면서 공부하고 자신들의 영혼을 살찌울 공간이 필요한 열 두 명 정도의 아이들이 있었기 때문입니다. 미국에서 온 20명의 고등학생들은 6주 동안 기도하며 건물을 지어주면서 우리의 필요를 채워주었습니다. 그때 아처와 나는 영국에 있었지만 우리의 오랜 꿈이 성취되고 있다는 사실에 기뻐하였습니다.

아! 그러나, 그 6주 가운데 3주 동안 비가 심하게 내리고 말았습니다. 미국 플로리다에서 온 학생들은 텐트에서 철수하여 예수원으로 이동했고 건물을 짓는 계획을 변경하여 공부하고 기도하고 찬양하는 일을 하였습니다. 예수원을 위해 건물을 완공해주고 싶어 했지만 일을 끝내지는 못했습니다.

그러나 그들은 우리에게 아주 특별한 것을 해주었습니다. 그 작은 둔덕에 아주 견고하고 튼튼한 기초를 세워준 것입니다. 그들은 긴 장화를 신고 진흙 위로 무거운 발걸음을 옮기며 시멘트와 혼합된 돌덩이들을 날랐고, 자신들이 한 작업이 이상이 없는지를 계속 확인하였습니다.

아처와 내가 영국에서 돌아왔을 때, 그들은 모두 떠나고 없었습니다. 하지만 낙심할 수 있는 순간에 보여준 그들의 꿋꿋한 성품과 어려움을 극복해나간 노력에 대해 여러 이야기들을 전해 들었습니다.

다음해 여름과 그 다음해 여름에 걸쳐 예수원의 형제들과 자매들 그리고 마을 이웃들은 함께 힘을 합쳐 건물을 완공하였습니다. 우리들은 건물 이름을 '가버나움'이라고 지었습니다. 이유는 예수님께서 "어린아이와 같지 않고서는 천국에 들어갈 수 없다."라고 가버나움에서 말씀하셨기 때문입니다. 그곳에는 방 3개에 목욕실과 간이 부엌 그리고 사방으로 두

른 베란다와 2층, 또 석유 난방기가 있었습니다. 또 예수님과 어린아이들을 그린 뇌문장식(실톱으로 도려내는 세공)으로 된 큰 창문이 있었고 큰 방 벽에는 아이들 마다 쓸 수 있는 수납공간이 있었습니다.

드디어 가버나움의 문을 열던 날, 아이들은 마을에서 온 친구들과 건물을 짓는데 도움을 준 많은 사람들과 함께 자리를 했습니다. 아이들은 각자 자신의 이름이 적혀 있는 수납장과 그 안에 있는 선물을 보았습니다. 이중 가장 큰 아이인 옌시의 수납장 안에는 책이 있었고 테이블에는 생일 케이크가 준비되어 있었습니다. 건축 일을 해주었던 김찬우 선생과 김정우 선생은 아처로부터 상을 받았습니다.

그 옛날 옌시와 버니를 위한 꿈이라고 생각했던 것이 다른 많은 아이들을 위한 꿈으로 열매를 맺은 것입니다. 그동안 이곳에서는 예수원의 자매님 둘이 유치원 교육을 하였으며, 지금은 모나 자매가 그 일을 맡고 있습니다. 모나 자매는 유치원 교육에 경험이 많은 선생님으로 서울 사랑의교회 유치원에서 수년 동안 교사를 했습니다. 갈렙 형제는 가버나움에 붙어있는 작은 둔덕 아래에 큰 운동장을 만들었고 모나 자매는 그곳에 놀이기구를 설치했습니다.

이제 나는 매일 아침 창문 넘어 아이들을 바라봅니다. 여

아모스가 언니의 도움없이 올라가려고 하네요

하나님께서는 꿈을 주십니다 그리고 그 꿈을
당신의 시간에 당신의 목적을 위해 당신의 방법으로
사용하십니다 '거버나움'이 그 증거입니다

꿈이 이루어졌습니다

호수아(김호수), 요벨(강선혜), 국토(신국토), 마리아(송수빈), 마르다(송예빈), 데보라(최예현), 아모스(최의건), 대은(엄채은), 일하(김일하), 민기, 성호(신성학), 다윗(민강홍)과 심하(민희경)가 가버나움이 있는 둔덕으로 가기 위해 가파른 계단을 올라가는 모습을 말입니다. 다른 많은 아이들도 가버나움 학교를 졸업하고 마을에 있는 학교에서 공부를 시작하였습니다. 이 모든 일이 얼마나 빠르게 지나갔고 아이들 역시 얼마나 빨리 자라나는지 놀라울 뿐입니다.

아이들은 자신들이 오르기에게 너무 높아 보이는 그 산을 올라가고 있습니다. 데보라는 혼자 할 수 있다고 우기는 동생 아모스를 도와주려고 합니다. 일곱 살까지의 아이들이 모나 자매가 기다리고 있는 가버나움으로 모입니다.

수업 첫 시간에는 블록이나 크레용 또는 장난감 등이 있는 곳에서 자신이 원하는 것을 골라 놉니다. 다음 시간에는 원을 만들어 각자의 가족, 친구 그리고 세상의 문제들을 놓고 기도합니다. 한 아이는 이전에 선생님이었고 현재는 캄보디아 선교사로 가 있는 마가렛 자매를 기억하면서 늘 기도합니다. "주님, 우리 선생님이 지뢰를 절대로 밟지 않도록 해주세요." 다음에는 성경말씀을 함께 낭송한 뒤 그리 크지 않은 도서실로 갑니다. 특별히 준비된 유치원 과정을 진행하기 위해서입니다. 그 다음에는 간식을 먹고 노래 부르고 율동하고 종을 치는 음악시간을 갖습니다. 날씨가 더워지면 아이들은 밖으로 나가 수영을 하거나 운동장의 터널을 기어서 통과하거나 큰 고무 물통에서 물 튀기기 놀이를 합니다.

매일 4시간씩 모나 자매는 이 과정을 이끌어가고 있습니다. 아이의 부모들이 예수원 공동체 사역을 하는 동안 모나 자매는 이 귀한 생명들이 성장하는 것을 돕고 있는 것입니다. 그렇다면, 이 교육에 성과가 있었을까요? 물론입니다. 수없이 여러 번! 특별한 날이면 이 어린 영혼들이 우리를 위해 악기를 들고 합주를 하는 것을 우리는 너무나 좋아합니다. 아이들이 서로 서로에게 관심을 기울이는 것을 볼 때 모나 자매에게는 기쁨이 된다고 합니다. 한 아이가 "우리 여동생한테 우유 좀 주세요."라고 말한다거나 모나 자매가 가르쳤던 것을 행할 때 그렇습니다. 한번은 비디오를 보고 있을 때였습니다. 감옥에 갇힌 소년 영웅 코난이 "도와주세요!"하며 크게 외치자, 이때 어린 국토가 크게 걱정하며 이렇게 말했습니다. "기도해!"

하나님께서는 꿈을 주십니다. 그리고 그 꿈을 당신의 시간에 당신의 목적을 위해 당신의 방법으로 사용하십니다. '가벼나움' 이 그 증거입니다.

우리들의 새해맞이

예수원 초창기 천막생활을 하던 1967년 새해를 맞으며 아처가 말했습니다. "이제 우리 모두 마음에 결단을 하고 삶에 변화를 가져야만 하겠습니다. 정시에 모여 식사를 하고 기도하되, 예배실에 모여 기도하는 시간을 매일 갖고 주님께서 우리를 통해 서로에 대한 격려의 말씀을 전하게 하시고 우리 가정에 대한 하나님의 특별한 계획을 구하는 것이 어떻겠습니까? 각자에게 특별히 필요한 것이 어쩌면 이러한 것인지도 모릅니다. '주님, 저의 비판하는 영을 바꾸어 주세요.'라고 하거나 '주님, 제가 아침에 행복하게 일어날 수 있도록 해주세요.' 또는 '주님, 가축들에게 사료 주는 것을 제가 잊지 않도록 해주세요.'"

그때 누군가 말했습니다. "신부님 제가 모든 사람을 사랑하도록 결단해야만 한다는 말이세요? 그건 불가능한 일입니다. 빨래 줄에 걸려 있던 제 빨래를 훔쳐간 사람까지도요?" 모두가 웃는 가운데 의견들을 내 놓았고, 진지한 침묵의 시간이 이어졌습니다.

아주 진지한 가운데 한 자매가 고백을 하자 눈물을 흘리기까지 하는 사람도 있었습니다. "저는 제가 도시에서 일하던 방식을 자랑스럽게 말할 때 마을 사람들에게 무례하게 보였다는 것을 이제 깨닫게 되었습니다. 제가 그저 변화될 것을 결심만 하면 되나요? 아니면, 그들에게 가서 사과를 해야 하는지요?" 아처의 답변은 이랬습니다. "하나님께 물으십시오. 하나님께서 자매가 해야 할 일을 알려주실 것입니다."

이어서 사람들이 자신의 다른 이기적인 행동들을 고백했고 하나님의 도우심을 바라며 새로운 결단들을 했습니다. 나도 사람들 가운데 드러나지 않고 사람들과 떨어져 지내고 싶었던 나의 바람을 고백했습니다. 하나님의 도움으로 나는 확대된 우리의 가족, 참 가족을 만들어 가는데 더 개방적 나눔을 갖고 일하겠다고 말했습니다. 그 외에도 여러 다른 고백과 결의가 있었습니다. 성령께서 너무나 신기하게 역사하시는 바람에 음식과 노래도 잊은 채, 시간은 흘러갔고 갑자기 시계가 12시를 알렸습니다.

또 기억에 남는 새해 전야는 1979년입니다. 그때 아들 벤은 미국에 있었고 두 딸은 열여섯, 열세 살이었으며 예수원 식구들도 30명 정도 되었습니다. 산골짜기에서 14년을 보냈지만, 아직 전기가 들어오지 않은 상태였습니다. 촛불과 등유불은 제법 밝은 편이었지만, 밴 차량이 산을 넘어 우리 정문에 도착한 눈 오는 그날 저녁은 상당히 어두웠습니다.

어둠 가운데 귀에 익은 목소리가 들렸습니다. "대 신부님!" 조병호 목사였습니다. 우리와 함께 10년간 지내다가 새서울교회의 담임을 맡아 서울로 가신 분이었습니다. 우리는 조 목사를 그리워했지만, 예수원을 개척할 때 그를 통해 우리를 돕게 하신 것처럼 하나님께서 새로운 상황 속에서 그를 강력하게 사용하실 것을 믿었습니다.

열세 살 난 딸 난희와 동생 성대 씨 그리고 열 명의 어른들과 함께 온 조 목사는 자신의 교회 식구들을 소개하였습니다. "여기는 무슨 무슨 박사이고, 아무개 박사이며…" 그들은 모두 대학교수, 과학자, 음악가들이었는데 성령 안에서 자신들이 성장하도록 양육할 교회를 찾던 중 조 목사가 시무하는 교회를 알게 되었고 그곳에서 양육을 받았습니다.

초라한 우리의 캠프에 이처럼 쟁쟁한 손님들을 맞은 적은 이전에는 없었던 것 같습니다. 특별한 음식도, 불빛도 가구도 없었습니다. 다만 화롯가에 불이 지펴지고 있었고, 우리들은 두터운 외투를 걸치고 스웨터를 입은 채 그나마 온기를 유지하고 있었습니다.

나눔의 시간은 놀랍게 시작되었고 우리들은 이 사람들이 하나님을 사랑하고 하나님을 자신의 삶에 우선으로 여긴다는 것을 알 수 있었습니다. 그들은 자신들의 안락한 환경을 벗어나 하나님과 함께 특별한 방법으로 새해를 시작하려 한 것이었습니다. 서로 간증의 시간을 갖고 하나님의 선하심을 기뻐하는 것 외에는 그 어느 것도 중요하지 않았습니다.

나는 이 전문가들이 자신들의 삶이 정직해지고, 성경대로 살되 과학을 가르칠 때 다른 이들에게 성경의 진리를 전파하기를 원했다는 사실을 알고는 경외심을 갖게 되었습니

어떤 이들은 기도로 또 어떤 이들은 폭죽을 터뜨리므로 새해를 맞고 있습니다

"너희는 너희가 일하여 많은 것을 이루었다고 생각하지만
이 시간까지 너희를 인도하고 일한 자는 내니라
너희의 미래를 내게 맡기라!"

다. 몇 시간도 채 지나기 전 우리들은 금세 친구가 되었습니다. 순간 시계가 12시를 울리고 1980년 새해가 시작되었습니다.

다음날 예수원 식구들이 준비한 아침을 먹고 나서 우리들은 작은 다락방 예배실에 모여 주의 얼굴을 간절히 구했습니다. 안수하고 기도를 하는 가운데 하나님께서 이같이 말씀하시는 것을 들었습니다. "너희는 너희가 일하여 많은 것을 이루었다고 생각하지만 이 시간까지 너희를 인도하고 일한 자는 내니라. 너희의 미래를 내게 맡겨라!" "너희에 대한 나의 사랑은 너희가 당하는 고난보다 더 크니라. 너희의 고난을 내게 주어 바뀌게 하라." "내게 가까이 와라 내 왕국을 세우는데 너를 필요로 하느니라." 우리 모두에게 얼마나 소중한 말씀이었는지요!

우리의 새 친구들은 밴을 타고 가버렸습니다. 그러나 아주 가버린 것은 아니었습니다. 수년 동안 우리들은 함께 생일과 결혼식을 축하해주었고 몇몇 프로젝트를 진행했으며, 서로에게 조언을 아끼지 않았고 그중 몇몇은 여러 번 새해 전야에 예수원을 찾아왔습니다.

내 기억에 떠오르는 다른 또 귀중한 새해가 있다면 그것은 1971년도입니다. 옌시와 버니는 어렸지만 성장이 빨랐고 적극적인 사고를 가지고 있었습니다. 나는 옌시가 헌신하고자 하는 마음과 함께 충분한 이해를 가지고 주님을 구주로 영접할 때가 되었다고 생각했습니다. 놀랍게도 옌시는 그렇게 하겠다고 하였습니다.

나는 기도하였습니다. "주님, 옌시에게 특별한 의미를 주기 위해 제가 무슨 말을 할 수 있을까요?" 나는 용기를 내어 말했습니다. "네가 곤경에 빠졌다면 그 이유가 무엇일까?" 옌시가 말했습니다. "사람들이 나를 비난할 때가 있는데… 그것은 내가 바른 행동이나 말을 하지 않아서 그런 것 같아요." "바른 말을 하고 바른 행동을 하는 것이 어렵지?" "네, 가끔은 아주 어려워요." "예수님께 도와달라고 기도해본 적은 있니?" "제가 그래야만 하나요?" "그래 옌시야. 성경 데살로니가후서 2장 13절을 보면 하나님께서 너를 처음부터 구원하시기 위해 선택하셨다고 말씀하고 있단다." "나를요?" "그래 하나님께서는 옌시가 원하지 않을 때에도 옌시가 옳은 것이라고 생각되는 것을 행하도록 능력을 주려고 하신단다. 왜냐하면 우리와 하나님 사이를 연결하여 우리가 죄를 짓지 않는 능력을 갖도록 하기 위해 고난을 받고 죽임을 당하신 예수님, 그 예수님으로 부터 많은 도움이 우리에게 필요하기 때문이란다." "예수님께서 나를 위해 죽으셨다고요?"

그러면서 옌시가 말을 이었습니다. "너무 미안해요." "우리가 이것을 깨닫게 되면 예수님을 사랑하고 예수님께 상처를 주지 않으려 하지. 또, 그분을 기쁘게 하기를 원하게 된단다. 이것은 우리를 죄에서 구원하는데 필요한 것이란다. 만일 우리가 실패하여 다시 죄를 짓게 되더라도, 하나님께서는 우리를 다시 도와주실 준비가 되어 있으시단다."

옌시의 환하게 밝았던 얼굴이 진지하게 바뀌었습니다. 나는 옌시가 이것을 마음으로 받아들이고 있다는 것을 알 수 있었습니다. "기도하고 예수님께 감사드릴래?" "예!" 옌시는 내 기도를 따라하였습니다. "사랑하는 예수님, 저를 위해 죽으시고, 나의 죄를 용서해주심을 감사드립니다. 저는 예수님의 구원을 받아 예수님께서 제게 원하시는 삶을 살겠습니다. 아멘!" 그리곤, 옌시가 한마디를 덧붙였습니다. "예수님, 예수님을 너무 사랑합니다."

나의 마음이 벅차오르는 가운데 기쁘고 놀라운 일이 벌어졌습니다. 우리 대화를 유심히 듣고 있던 옌시보다 세 살 아래인 버니가 다가와 이렇게 말하는 것이었습니다. "나도 옌시 언니처럼 하고 싶어요."라고 말입니다.

우리 가족이 늘었어요

우리가 태백산에서 예수원을 시작하기 전부터 이웃으로 알고 지내던 조병호 목사는 1968년 가수리로 이사를 왔습니다. 가수리는 당시 예수원보다 더 깊숙이 들어간 험한 곳이었습니다. 조 목사가 가수리로 가기로 결정을 한 것은 그곳이 하도 험해 경찰도 사람을 잡아갈 수 없기 때문에 마약 밀매업자들이 그곳에 들어와 숨는다는 이야기를 들어서였습니다. 그는 '할렐루야! 그곳이 바로 하나님께서 나를 사용하시어 불법자들을 당신께 인도하시려는 곳이구나.' 라고 생각했던 것입니다.

우리는 그에게 당시 천막에서 함께 생활하던 우리 지체들에게 말씀을 전해줄 것을 부탁하였습니다. 조 목사는 우리 요청대로 와서 말씀을 전했고, 우리 모두에게 영적 갱신을 가져다준 축복된 시간이었습니다. 그가 전한 대부분의 말씀은 아처도 강조하던 말씀이었지만 전 해병 낙하산 부대원으로 하나님의 은혜 가운데 구원을 받은 조 목사의 말씀은 아주 진지하게 전해졌습니다. 하나님께서 사람들의 마음속에 역사하셔서 공동체 식구들은 일을 할 때에도 찬양을 하기 시작하였습니다.

그는 떠나면서 "이제 여러분들도 가수리를 꼭 찾아주셔야 합니다!"라고 하였습니다. '도대체 경찰도 가지 못하는 곳에 우리가 어떻게 갈 수 있을까?' 나는 의아해 하였습니다. 드디어 약속된 날 우리는 그가 알려준 대로 버스를 타고 가서 내린 뒤, 3시간을 걸어갔습니다. 일행은 아처와 나 그리고 영국인 친구 발레리 핼포드, 세 살 난 버니와 여섯 살 된 옌시였습니다. 어린 버니는 씩씩하게도 오래 걸어갔지만 이따금 아빠 어깨에 올라타기도 하였습니다. 옌시는 작은 병사처럼 씩씩해 보였습니다.

우리는 철길과 목초지와 숲을 지나 마침내 산의 바위자락을 따라난 길을 통과하였습니다. 우리 밑으로는 강이 흐르고 있었습니다. 한발만 헛디뎌도 바로 물속으로 빠질 지경이었습니다. 우리는 짐을 든 채 조심스럽게 길을 만들어 나가면서, "주님 이 시험을 잘 통과하게 해주세요."라고 기도하였습니다.

이따금 산기슭에는 작은 덤불이 자라나 있었지만, 대부분은 아무 것도 잡을 것이 없는 상황이었습니다. 저 멀리서 "할렐루야!"라는 소리가 들렸지만, 우리는 아직 가파른 길을 벗어나지 못하고 있었습니다. 드디어 조 목사가 팔을 뻗어 우리를 맞아 주었습니다. 우리들은 '이제 우리는 해낼 수 있을 거야.'라고 생각했습니다. 나머지 남은 길은 훌륭한 안내와 도움을 받으며 지날 수 있었습니다. 그때서야 우리는 조바심 속에 전혀 보지 못했던, 산과 나무들의 장관을 즐길 수 있었습니다.

가수리에는 작지만 깔끔한 교회가 세워져 있었습니다. 교회 뒤편에는 조 목사의 가족(사모인 샤론과 옌시보다 한 살

우리 일행을 반갑게 맞이하고 있는 조병호 목사님

어린 성준이 그리고 버니와 동갑인 딸 난희)을 위한 방들이 있었습니다. 우리는 그토록 짧은 시간에 그곳에 이루어진 것들을 보고 놀라지 않을 수 없었습니다. 성도들은 아주 적극적이었으며, 몇몇 사람들은 복음 전도자가 되기 위한 훈련까지 받고 있었습니다. 마을 활동의 중심은 교회였습니다. 우리가 그곳에서 머무른 나흘 동안 결혼식과 장례식이 있었습니다. 마을에서 일어나는 모든 일에서도 그러했듯이 조 목사의 놀라운 가르침의 은사가 이때에도 유감없이 발휘되었습니다. 마약 밀매업자들은 복음과 성령으로 크게 변화되었으며, 어떤 범죄의 조짐도 보이지 않았습니다. 이 얼마나 능력 있는 하나님 말씀의 역사입니까!

우리가 마을을 떠날 때, 조 목사와 가족은 3시간이 넘는 길을 함께 걸어 황지까지 가는 버스정거장까지 왔다가, 다시 하사미동까지 가는 버스정거장까지, 그리고 결국에는 예수원이 있는 산길 1마일까지 동행해주었습니다. 우리는 조 목사와 그 가족을 통해 한번 더 공동체 식구들을 위한 큰 가르침의 시간을 가졌고 우리 아이들을 위해서도 재미난 시간을 가졌습니다.

그 주 내내 나는 '만일 외국인이 아닌 조 목사 같은 분이 우리와 함께 사역을 하며 성경을 가르칠 수만 있다면 얼마나 좋을까?'라는 생각을 하였습니다. 남편인 아처도 잘하였지만, 한국 사람이라면 젊은이들과 더 가까워 질 수 있기 때문이었습니다.

그런데 하나님께서는 조 목사의 마음을 움직이기 시작하셨습니다. 그가 집안 가득 채워진 한국 청년들을 가르치기 위해 우리에게 도움의 손길이 필요하다는 것을 알게 되었던 것입니다. 아처의 생각은 어떠했을까요? 아마도 이런 생각을 하지 않았을까 싶습니다. '이제 우리는 조 목사의 소금과 같은 가르침과 그의 아내의 음악사역과 집 안팎에서 친구들과 즐겁게 뛰어 놀 그들의 자녀들과 함께 나아갈 것입니다. 주님, 이것을 영원히 지속되게 해주실 수 있나요?'

조 목사 가족이 가수리를 떠나오기 전, 우리들은 조 목사 가족의 합류 가능성에 대한 가벼운 토의를 하였습니다. 너무 좋아서 믿을 수 없던 나머지, 사람들은 조 목사 가족의 합류 가능성에 대해 마음을 약간만 열어 놓은 듯 보였습니다.

2주가 지나고, 나는 하나님께 기도드렸습니다. "조 목사님 식구들이 이곳에 와서 우리의 일원이 되어 줄까요?" 아처는 소망을 하면서도, 조 목사가 목회가 잘되고 있는 교회를 떠나 사례비가 한 푼도 없는 예수원 사역에 합류해 개척자로서 또 다시 고된 역경을 헤쳐 나가야 하는 것에 대해 식구들에게 어떻게 설명할 수 있는 지를 고심하는 것 같았습니다.

실제로 조 목사의 가족은 가수리의 교회를 앞으로 잘 훈련된 전도자에게 맡기려는 계획을 하고 있던 중이었습니다. 또, 가족들 역시 외진 산골짜기에서 젊은이들과 힘겹게 애쓰며 도저히 불가능하게 보이는 상황 가운데 살고 있는 외국인인 우리를 위해 기도하고 있었습니다.

그런 그들은 자신이 사랑하는 하나님을 섬기는데 있어서 한번도 시도해보지 않은 길을 찾고 있던 드문 사람들이었기 때문에, 아처로부터 전보를 받자 흥분하기 시작하였습니다. 전보의 내용은 이것이었습니다. "요한계시록 22장 17절." 무슨 의미일까요? 그들은 성경을 펼쳐서 17절의 첫 부분을 읽었습니다. "성령과 신부가 말씀하시기를 오라 하시는도다 듣는 자도 오라 할 것이요 목마른 자도 올 것이요 또 원하는 자는 값없이 생명수를 받으라 하시더라."

그들은 메시지를 받고 그것이 동음이의어로 사용되었다는 것을 알게 되었습니다. 한국말로 결혼할 신부와 교회의 신부가 같기 때문이었습니다. 그들은 한국말로 똑같이 신부로 불리는 대천덕 신부가 그들을 예수원으로 부르고 있다는 것을 깨닫게 되었습니다. 다만, 그들에게 필요했던 것은 오직 주님께서 가라고 말씀하시는지 그 여부를 아는 것이었습니다.

조 목사 가족이 왔을 때, 우리에게 그날은 하나님께서 정말로 예수원의 발전을 위한 당신의 계획을 실행하신다는 기쁨과 확신을 준 날이었습니다. 하나님께서는 조 목사의 가족을 보내셔서 우리들만으로 할 수 없는 당신의 일을 돕게 함으로써 우리 가족의 지경을 더 넓히셨습니다.

그들은 곧바로 부엌과 정원과 가정 일과 가르치는 일과 공사 등 예수원의 모든 사역에 뛰어들었습니다. 새로운 일꾼과 기도 파트너가 생긴 것이었습니다. 특별히 샤론(조 목사 사모의 성경이름)은 아이들을 모아 함께 노래하게 하고 우리들 앞에서 발표를 하게 했습니다. 그리고 엘버트(조 목사의 성경이름)는 산에 올라 나무를 골라 우리 마당에 옮겨 심었습니다. 그는 빨갛게 물든 단풍나무를 가져다 정문 계단 옆에 심었습니다. 나는 그 나무가 너무 커서 옮겨 심으면 살아나지 못할 것이라고 생각하였습니다.

하지만, 그렇지 않았습니다. 벌써 38년이 지났고, 그 나무는 이제 한껏 자라나, 매번 가을이 오면 울긋불긋한 아름다운 자태를 보여주고 있습니다. 그럴 때면 언제나, 엘버트가 나무를 심던 날과 예수원의 사역을 안정시키기 위해 우리 가족을 늘려주셨던 하나님의 은혜로운 손길이 기억납니다.

사랑하는 도라를 위하여

마을에 있는 학교에서 옌시가 첫 학기를 마치자, 우리 가족은 미국으로 휴가를 떠났습니다. 그것은 실로 엄청난 변화였습니다. 한국에서 한 학기를 마친 초등학교 1학년 아이가 영어를 쓰는 지역으로 옮겨간 것이니까요. 여섯 살짜리 아이가 갑작스레 두 가지 언어에 적응해나갈 수 있을까요?

전혀 다른 언어를 쓰는 양편의 친구들을 쉽게 사귈 수 있을까요? 다음해 하사미로 돌아왔을 때 옌시는 이러한 시험을 또 치러야만 했습니다.

하사미로 돌아온 옌시는 한국어를 대부분 잊어 버렸고, 마을학교에서는 한국말 배우기를 처음부터 다시 시작해야 하는 처지가 되었습니다. 옌시가 한국어를 다시 회복할 때까지 차분하게 기다리며 도움을 줄 친구가 있을까요? 어떤 아이들은 옌시를 놀리고 괴롭혔지만, 도라(김선희)는 달랐습니다. 도라는 옌시에게 끝까지 참된 우정을 보여주었습니다.

둘이 서로 스스럼없이 이런 저런 말을 주고받는 가운데, 옌시의 잊어버린 한국어가 되살아났습니다. 둘은 점심을 함께 나누어 먹었으며, 초등학교 아이들 사이에 흔히 있는 의견차이 한번 없이 서로 사이좋게 놀았습니다. 옌시는 다른 아이에게 했던 것처럼, 도라의 환심을 사기 위해 자기 옷을 도라에게 나누어 주어야 한다고 느끼지도 않았습니다. 둘은 서로의 집을 오갔고 도라는 옌시보다 몇 살 많았지만 동갑내기처럼 스스럼없이 대해주었습니다.

옌시는 도라가 예수원에 와서 머무는 날이면 언제나 행복해했습니다. 나는 예수원 공동체 식구들이나 손님에게 예기치 않은 일이 생길 때면 자주 불려나가야 했기 때문에 집안 일과 두 어린 딸들을 돌봐줄 손길이 필요했습니다. 예수원의 사무엘(이윤재) 형제는 나를 도울 수 있는 사람을 찾아보겠다고 했습니다. 그는 곧 사람을 찾았고 놀랍게도 도라를 데리고 왔습니다.

도라는 1년 동안 다른 도시에 있는 한 가정의 살림을 돕다가 막 돌아온 상태였습니다. 도라는 자기 집이 자기 없이도 잘 꾸려질 수 있었기 때문에 편하게 우리에게 왔습니다. 우리 가족이 머무르고 있는 거처에서 나를 도와 가정 일을 돌보기 시작한 도라는 접시들을 조심스럽게 다루며, 모든 것을 깨끗하게 정리해두었습니다. 어질러진 구석도 말끔해졌습니다.

게다가 도라는 돈을 받고 일하기보다는 예수원의 가족으로 합류하기를 원한다고 했습니다. 도라의 이 말에 많은 사람들이 기뻐했는데 왜냐하면 도라는 나를 도울 뿐 아니라 예수원의 대식구와 예수원을 방문한 손님들의 식사를 준비하는 큰 부엌에서 여러 가지 도움을 주고 도시에서 온 자매들에게는 초봄 산에서 나는 나물을 어떻게 따는지 알려주었기 때문입니다. 도라는 쑥, 달래, 드릅, 참나물, 도라지, 더덕 같은 산나물 찾는 방법을 알고 있었습니다. 그리고 예수원의

산나물에 대해 모르는 것이 없는 도라

모세(김흥갑) 할아버지가 소천 하시자, 도라는 매일 로이스(장인자) 할머니를 모시고 할아버지 묘를 찾아 산에 올라갔습니다. 우리 모두는 큰일이 있을 때면 도라의 손길에 점점 더 의지하게 되었습니다.

한 1년쯤 지났을까, 우리는 도라에게 문제가 있다는 것을 알게 되었습니다. 이따금 도라에게 손을 사용할 수 없을 정도로 경련이 일어났고, 또 얼굴이 퉁퉁 붓는 것이었습니다. 간헐적으로 나타나던 이 증상은 마침내는 고질적인 것으로 발전되었습니다. 우리는 백방으로 의사들을 찾아다녔지만, 그들이 처방해준 약은 잠시 동안만 효과가 있을 뿐이었습니다.

삼척에 있던 콜럼비아 출신의 간호사들이 도라의 병을 정확하게 진단하였지만, 고칠 수는 없었습니다. 어려서 폐결핵을 앓은 도라는 당시는 결핵에서 벗어났지만, 결핵균이 심장에 상처를 주면서 도라의 심장주위 피부가 성장할 수 없었던 것입니다. 도라에겐 아주 특별한 수술이 필요하였습니다.

당시 폴과 바바라 킹스버리라는 선교사가 우리를 돕고 있었습니다. 폴은 농장에서 바바라는 아이들을 가르치고 있었는데 대구에 있는 기독교 병원의 이사였던 폴은 "도라를 대구로 데려갑시다!"라고 말했습니다. 그곳에서도 똑같은 진단이 내려졌습니다. 새 피부가 자라기 위해 심장주위의 피부가 제거되어야 했던 것입니다. 그 당시로서 이런 수술은 아주 드문 것이었고 또한 바로 수술을 할 수 있는 의사도 흔하지 않았습니다.

하지만, 하나님께서는 도라와 함께 하시면서 도라를 위해 생각지도 못한 일을 행해 주셨는데 도라의 수술을 위해 선명회에서 모든 비용을 지불해 주기로 한 것이었습니다. 우리에게 그 일은 기적이나 다름없었습니다. 도라는 병에서 놓여나 이전처럼 모든 일을 할 수 있었고 산에 올라 나물을 뜯을 수도 있었습니다. 또한 마을에 있는 가족들에게는 하나님께서 어떻게 자신에게 새 생명을 주셨는가를 말해주었습니다.

도라는 결혼할 때까지 예수원에서 우리와 함께 살았는데 모든 면에서 적극적이었습니다. 예수원 회원이었던 여호수아(허대성) 형제는 도라를 통해 도라와의 결혼 요청 편지를 아처에게 전달했는데 여호수아 형제와의 결혼은 도라도 원한 것이었습니다. 아처 역시 두 사람의 결혼을 기쁘게 찬성했고 드디어 1984년 3월 1일 우리는 도라의 아름다운 결혼식을 볼 수 있었습니다. 아처는 도라에게 이렇게 말했습니다. "이제, 자매는 자유롭게 세상에 나갈 수 있습니다. 하지만 언제든 오기 원한다면 우리는 자매를 다시 받아줄 것입니다."

도라와 여호수아는 처음에 친구가 있는 남쪽 지방으로 내려가 농장 일을 하다 우리가 사는 근처로 다시 이사를 해왔습니다. 여호수아는 건설 일을 했고, 도라는 여러 가지 일을 하며 바쁘게 지냈습니다. 세월이 흘러, 둘 사이에서 두 아들이 태어났습니다.

도라와 여호수아는 우리의 좋은 이웃이었습니다. 김장을 할 때면 도라는 종종 우리를 도와주었는데 한번은 트럭 가득 배추를 싣고 오기도 했습니다. 집에서 만든 빵을 정기적으로 가져오는가 하면 특별한 날이면 우리에게 선물을 하였습니다. 옌시와 버니가 해외에서 집으로 돌아올 때면, 둘은 도라를 만나기 위해 도라네 집을 향해 가버리곤 하였습니다.

바로 몇 달 전 도라와 여호수아는 자신의 새 집으로 우리를 초청해 주었습니다. 우리는 도라가 12그루의 나무가 있는 자신의 집을 얼마나 오랫동안 원했는지 알고 있었습니다. 나는 멋진 3개의 침대방과 기와지붕 그리고 나무가 가지런히 심겨진 앞마당이 있는 도라의 벽돌집에 놀라고 말았습니다.

심겨진 어린 묘목들을 보며, 나는 생각하였습니다. '이 나무들은 도라가 아처의 무덤에 심어 놓은 나무들처럼 생겼구나.' 거실과 부엌이 집안 전체에 걸쳐 시원하게 연결되어 있었으며, 아름다운 가구와 대형 창문이 근사하게 자리 잡고 있었습니다. 초청된 많은 손님들이 도라가 만든 갈비탕을 맛있게 먹었습니다. 식사가 끝난 후, 사람들은 둥글게 둘러앉아 여호수아의 성공적인 인생과 도라에 대해 기쁘고 즐겁게 이야기했습니다.

하지만 얼마 전 우리는 마음 아픈 소식을 들었습니다. 도라가 일주일간 검사를 하기 위해 병원에 들어갔다는 것이었습니다. 도라 자신은 아픈 것조차 모르고 있었는데 도라 남편이 도라 피부에 멍이 든 것을 보게 되었던 것입니다.

첫 검사는 피부결핵일 것이라는 결과가 나왔습니다. 이번 주 우리는 서울 세브란스 병원에서 다른 진단을 받아 보기 위해 와있던 도라를 만났습니다. 현재 우리는 더 좋은 결과가 나오리라 믿고 기다리고 있습니다. 인도에서 예수원을 방문하러 온 기도의 사람 안톤 크루즈 목사님이 도라를 위해 기도해 주었습니다. 우리는 이전에 도라와 함께 하신 하나님께서 불치로 여겨지는 이 병에서 그녀를 긍휼 가운데 구원해 주시리라 확신하고 있습니다.

이처럼 많은 사랑을 받는 엄마가, 그리고 아직도 앳된 모습에 무엇이든 할 수 있고, 모든 사람들의 필요를 잘 감지하여 재빨리 채워주던 그녀가 병약한 상황에 놓일 수 있는 것이 가능한 일입니까? 도라와 여호수아는 지금껏 하나님을 믿는 신앙과 교회를 통해 힘을 공급 받아왔습니다. 20대로, 청소년기의 갈등시기를 벗어난 그들의 두 아들 마태와 마가는 이제 온 마음을 다해 하나님께 나아가고 있습니다.

가족간의 강한 결속만큼 큰 복도 드뭅니다. 왜냐하면 하나님께서는 가족간의 강한 결속을 통해 일하시기 때문입니다. 도라와 여호수아 가족의 강한 결속을 통해 일하실 하나님을 기대합니다.

새미와의 사랑사건

　　1976년도, 한 숙녀가 아처와의 상담을 위해 약속시간을 잡아 예수원 사무실로 찾아왔습니다. "대천덕 신부님. 제발 제 문제 좀 도와주세요! 하나님께서는 남편과 제게 사랑스런 딸을 주셨어요. 그런데 이제 여덟 살이 된 그 아이 이후로 지금까지 다른 아이가 생기지 않았어요. 제발 하나님께서 제게 아들을 주시도록 기도해주세요. 그렇게만 해주신다면 저는 이름을 한나로 바꾸고 아들 이름은 사무엘이라고 할 것입니다. 그리고 아이를 하나님께 드릴 것입니다." 그녀의 간구에 관심을 가진 아처는 믿음을 다하여 그녀의 소원대로 기도를 해주었고, 기도를 받은 여인은 예수원을 떠나갔습니다.

몇 년 후, 아처가 뉴욕에 있는 한인 순복음교회에서 집회를 할 때였습니다. 한 가족이 그에게 다가와 "신부님, 저 한나예요. 여기는 제 남편 요셉, 딸 에스더, 그리고 아들 사무엘이에요. 벌써 네 살이랍니다."라고 말하는 것이었습니다. 아처는 몇 해 전 자신의 사무실에서 있었던 그날의 일을 생각하면서 깜짝 놀라고 말았습니다. 아니, 거의 기억에서 조차 사라져버린 기도에 하나님께서 이렇게 응답해주셨단 말인가?

그런데 아처를 더 놀라게 한 것은 그녀의 다음 말이었습니다. "신부님, 이 아이를 언제쯤 예수원에 데리고 가시겠습니까?" 아이를 낳으면 주님께 드리겠다고 했던 그녀의 말이 이것을 의미하는 것이었단 말인가? 그렇다면 아처가 사무엘의 엘리(삼상 1:25)가 되는 것인가? 잠시 동안 깊은 생각을 한 아처는 이렇게 말했습니다. "학교에 갈 때가 되면 그때 아이를 맡도록 하지요."

예수원으로 돌아온 아처와 나는 기도했습니다. "주님, 만일 그 부모가 정말로 아들을 우리에게 데려온다면 우리가 올바른 일을 행할 수 있도록 도와주십시오."라고 말입니다. 그 다음 해였던 것 같습니다. 어쩌면 상황이 달라질 수도 있겠지만 만일 이 일이 하나님이 행하시는 일이라면 하나님을 실망시켜드리고 싶지 않았습니다. "당신도 그 어린 아이를 데려오는 걸 원치 않지? 그렇지." 한 친구가 말했습니다. 그러나 그 말에 나는 '아니…' 라고 속으로 생각했습니다.

그때 나는 내가 다섯 살 되던 해, 할머니와 함께 살기 위해 엄마와 아빠를 떠났어야 했던 일이 생각났습니다. 할머니께서 그것을 원하셨기 때문이었습니다. 나는 친척과 가족들을 위해 할머니께서 마지막으로 길러주신 스무 번째 아이였습니다. 우리 가족의 다섯 자녀 중, 나는 행운아였습니다.

나에게는 집이 두 곳이었습니다. 하나는 여름 동안 부모님과 형제들과 함께 지낸 집이었고, 또 하나는 학기 중 할머니 그리고 숙부와 숙모님과 함께 산 집이 그것입니다. 나는 양쪽 집을 모두 사랑했으며, 어느 곳에서건 한번도 거부당했다고 느낀 적이 없었습니다. 때문에 우리가 잘하면, 새미(사무엘의 애칭) 또한 양쪽 집에서 사랑 받으며 자랄 수 있다고 생각하였습니다. 그런데 그 부모가 정말 아이를 데려오기는 하는 것일까요?

어느 날 저녁, 예수원 현관 앞에서 한 숙녀가 나에게 말을 건넸습니다. 타이완에서 온 손님 중 한분일 것이라고 생각한 나에게 그녀는 "새미가 저 위에서 아이들과 놀고 있어요."라고 말하는 것이었습니다. 한번도 보지 못했지만 그녀가 한나라는 것을 알 수 있었습니다. 한나는 주님께 드리기 위해 아들 사무엘을 데려온 것이었습니다. 하나님께서 행하시는 일을 생각하며 내 안에는 전율이 가득 차올랐습니다.

다섯 살인 새미는 우리와 처음 만나 서로 인사를 나눌 때 편안하고 침착해보였습니다. 엄마와 예수원에 있는 동안 새미는 엄마가 묵는 방과 예수원의 작은 객실을 오가며 잠을 잤습니다. 친척을 만나러 엄마가 새미의 곁을 떠났을 때도 새미는 우리와 함께 지내는 것을 행복해 하는 것 같았습니다.

우리는 새미가 이미 이러한 삶에 준비되어왔다는 것을 알게 되었습니다. 새미 엄마는 새미에게 언젠가는 예수원에 가야 된다고 말해주었고 새미의 방 벽에 아처의 사진을 걸어놓았던 것입니다. 그리고 성경에 나오는 사무엘의 이야기가 서서히 그 마음에 스며들었던 새미는 사무엘과 같은 선지자가 되고 싶다고 말했습니다.

개학까지는 아직 석 달이 남아 있었습니다. 한나는 새미를 뉴욕에 데려갔다가 입학식에 맞춰 다시 데려오겠다고 하였습니다. 하지만 다시 한나가 새미를 데려올 것인지에 대해서는 확신이 없었습니다. 그런데 새미 아버지가 새미를 입학일에 맞추어 다시 데려왔고 이로써 우리에게는 이 특별한 아이와의 '사랑사건'이 시작되었습니다.

작은 마을 학교는 뉴욕에서 온 학생인 새미를 환영하였으며, 예수원 식구들은 점차 새미의 사랑하는 가족이 되어갔습니다. 새미가 한국어를 익히는 동안 예수원의 한 자매가 매일 2시간씩 저녁 숙제를 돕는 선생님으로 뽑혔습니다. 나는 매일 저녁 기도와 성경이야기를 해주며 새미를 잠자리에 들게 하였습니다. 아처와 새미 그리고 나는 매일 아침 우리 거처에서 함께 아침 식사를 하였고 그러면서 우리는 말 그대로 가족이 되었습니다. 식사 중 한 끼는 예수원의 식구들과 함께 하였습니다. 그때도 아처와 나 그리고 새미, 우리 셋은 함

일정표를 확인하고 있는 아저와 새미

께 앉았습니다.

방학이 찾아왔습니다. 새미는 집으로 갔다가 다시 예수원으로 돌아왔습니다. 크리스마스가 되었을 때도 새미는 집으로 갔다가 다시 돌아왔습니다. 그러면서 만족스럽고 즐거웠던 첫 두 해가 지나갔습니다.

새미는 우리 가족이 안식 기간을 갖는 바람에 3학년 과정은 뉴욕에 가서 배웠습니다. 그리고 뉴욕으로 갔던 새미는 다시 돌아왔습니다. 새미가 자라면서 우리는 매일 매일 기억해야 할 것들에 대한 긴 점검표를 만들어 놓았습니다. 양치질, 장작 가져오기, 성경구절 배우기 등등을 말입니다. 매일 저녁 새미는 아처와 점검을 하였는데, 대개 100점 만점에 100점을 받았습니다.

모든 걸 다 잊어버린다고 할지라도, 새미가 용돈을 조금씩 모아두었던 일은 잊을 수 없을 것입니다. 시간이 꽤 지난 뒤에 우리는 새미가 훗날 자신이 선교사가 될 때를 대비하여 아무도 모르게 조금씩 돈을 모아 둔 것을 알았습니다.

새미는 학교에서 리더가 되어갔습니다. 새미의 지도자다운 자질은 수업이 일찍 끝나는 수요일 오후에 반 친구들을 집으로 데려오기 시작하면서 알게 되었습니다. 어린아이들에게 복음을 증거 할 수 있는 큰 기회를 우리에게 가져다 준 것이었습니다. 새미는 형제들과는 밖에서 작업을 하면서 자매들과는 찬양과 여가시간에 함께 어울렸습니다. 혹 집에 대한 향수병이라도 생길 때면, 재미난 놀이와 장난을 치며 잊어나갔습니다. 방학이면 계속해서 뉴욕에 있는 집을 다녀왔던 새미는 비행기 탑승 시 친척이나 가족과 동반해야만 하는 아이에서 UM(미동반 아동) 배지를 다는 어린이가 되었습니다.

마침내, 새미는 6학년이 되었습니다. 새미의 부모는 졸업식에 참석한 뒤 새미를 미국으로 데리고 가서 중학교에 입학시킬 계획이었습니다. 그날은 우리에게 슬픈 날이었습니다. 새미는 졸업식에 참석해 상을 타고 급우들과 식사를 나눈 뒤 이제 학생 신분으로는 다시 오지 않을 예정으로 미국으로 떠나갔습니다. 나는 새미의 침대 머리맡에 붙여놓은 글을 보고는 기쁘지 않을 수 없었습니다. "SL ♥ JA (Sammy Lim loves Jesus Abbey;새미 임은 예수원을 사랑한답니다!)"

현명한 새미의 부모는 기독교 학교를 찾아 새미를 보냈습니다. 새미를 많이 그리워하면서 우리는 전화와 이메일로 연락을 하였습니다. "아처 삼촌, 여기 학생들이 제가 작은 나라에서 왔다고 해요. 아이들에게 무슨 말을 해야 하죠?" 새미의 질문에 아처는 즉시 대한민국이 다른 나라에 비해 뛰어난 분야에 대한 목록을 만들어 새미에게 보내주었습니다. 또 한 번은 새미가 전화를 걸어 "여기 사람들은 그리스도인인데도 성령님을 믿지 않아요!"라고 하자 아처는 "새미야, 너는 그들을 위해 기도하기만 해라. 그리고 하나님께서 네게 생각나게 하시는 것만을 말하기만 하면 된단다."라고 말해주기도 했습니다.

수년 동안 우리는 미국과 한국에서 서로를 방문하며 값진 만남을 가졌습니다. 그중에서 새미가 특수부대에서 특별 훈장을 받았던 때와 고등학교를 졸업하던 날과 미국 하나님의 성회 대학에서(4학년 학생 중에서 뽑혀) 설교하던 날과 그 대학을 졸업하던 날 그리고 최근 그의 누이 에스더가 결혼한 날은 잊을 수 없을 것입니다.

특히 '아처 삼촌'의 장례식을 위해 어렵게 한국을 찾아온 새미에게 고마움을 표합니다. 그는 장례행렬 중 관 앞에서 십자가를 들었습니다. 아들 벤도 2003년 아틀랜타에서 열린 JAMA(Jesus Awakening Movement for America;미국을 위한 예수 각성운동)대회에서 새미를 만난 사실을 기뻐하였습니다.

새미는 지난 2년 동안 자신의 학과에서 우수한 성적을 내면서 청소년을 위한 목회자가 되기 위해 매 주일, 학교에서 교회로 긴 거리를 오갔습니다. 새미와 함께 하고 있는 청소년 중 일부가 JAMA에 참석하였는데, 모두 대학 입학시험에 통과한 학생들이었습니다. 예수원에 있는 우리는 하나님께서 새미를 통해 하고 계신 위대한 일에 작은 부분이 될 수 있었음이 그저 기쁠 뿐입니다.

함께 살아가는 복

"할머니!" 뒤에서 나를 부르는 어린 아이의 목소리가 들렸습니다. "할머니, 호랑이 눈 반지 좀 보여주세요." 뒤를 돌아보니 키가 1m 남짓한 호수가 보조개가 들어간 명랑한 얼굴로 반지 낀 내 손을 쳐다보고 있었습니다. 나는 호수가 호랑이 눈을 비틀어 보고 진짜인지 아닌지 알아볼 수 있게 하려고 반지를 빼 호수에게 내밀었습니다. 물론 그것은 진짜 호랑이 눈은 아니었지만 우리는 진짜인 것처럼 보여주었습니다. 만족한 호수는 친구들과 놀기 위해 허둥지둥 뛰어 달려 나갔고 나는 여섯 살 난 아이가 나를 알아보고 이야기를 나누려했다는 사실에 내심 우쭐해졌습니다.

  호수네는 여섯 식구로 예수원에서 살고 있습니다. 호수는 막내로, 아홉 살 난 예지, 열 두 살 난 예은이 누나가 있고 아버지 파스칼(김춘남)과 어머니 루하(이금수) 그리고 외할머니(임옥분)가 함께 살고 있습니다. 삼대가 함께 행복하게 살아가는 이 가족은 귀하고도 아름다운 영성과 성품을 보여주고 있습니다.

  한때 대부분의 가정은 할아버지 할머니와 함께 살았고 이러한 삶은 모두에게 유익과 충족감을 주었습니다. 제일 나이 든 어른은 주위의 가족들로부터 존경을 받았는데 이는 길이 보존할만한 유교와 기독교의 가치체계입니다. 미국의 고향에 들렀을 때, 친구에게 "한국에서는 나이를 먹을수록 존경을 받는다."는 말을 한 적이 있습니다. 그 때 그 친구는 "미국에서는 늙을수록 경시를 당한다."라는 말을 해주었습니다. 유감스럽게도 그런 바람직하지 못한 미국의 가치가 최근 몇

십년 동안 한국으로 이동해온 듯합니다. 이러한 바람직하지 못한 기준들은 미국 영화와 인터넷 채널이 지나간 곳이면 어디나 퍼져나갔습니다. 어떤이가 내게 "한국의 젊은 사람들은 TV에서 노인들이 나오면 채널을 돌려요."라고 말한 이유도 아마 여기에 있는 듯합니다.

그러나 호수에게는 이 같은 것이 해당되지 않습니다. 호수는 지난주 예수원에서 열린 세미나 '성령 안에서의 삶'에 참석한 많은 사람들 중에서 호호백발에 주름살이 가득한 그러면서도 얼굴에 기쁨이 넘치는 작은 숙녀를 발견하였습니다. 호수는 그 숙녀에게 달려가 친구가 되었고 그녀와 같은 할머니가 자기에게 있다고 말해주었습니다. 그 숙녀의 미소는 호수가 말을 건넬수록 더 환해졌습니다. 아흔이 다 되는 나이에도 그녀는 여전히 활동적이며 모험을 즐기고 중도에 기차를 갈아타면서 혼자 이곳까지 왔습니다.

그녀만큼 늙지는 않았지만 나도 그 할머니처럼 나이를 먹어가고 있습니다. 그리고 호수의 가족처럼 서로서로에게 또한 독신의 형제자매들에게 존경을 표하면서 모든 것을 함께 나누며 함께 일하므로 세상을 향한 예수님의 사랑을 나타내고자 하는 이들과 이곳에서 함께 거한다는 것에 감사하고 있습니다.

나는 얼마나 복 받은 사람인지요! 하루 세 번의 식사 때와 다른 건물로 예배를 드리러 갈 때 한 자매가 내 방문까지 와서 나와 동행해줍니다. 과일, 건강식품, 비타민, 벌꿀, 집에서 만든 맛있는 음식들 그리고 옷가지까지, 매일 받는 선물 역시 내가 받을 만한 자격이 있어 받는 것은 아닙니다. 지난 주 내가 밖에 나가 있는 동안 호수의 아버지 파스칼과 예수원의 형제들은 내 작은 욕실에 새 타일과 욕실설비를 개비해주었고 마을에 있는 한 친구의 도움을 받아 거실 한쪽 위 천정을 새로 만들어주었습니다.

파스칼은 재주가 많은 건축가인 동시에 전기기술자이며 자동차 수리공으로 예수원의 모든 설비들이 제대로 돌아가도록 하는 데 큰 도움을 주고 있습니다. 루하는 도서관일과 예수원의 살림살이로 바쁜 가운데서도 식사 후에는 매번 음식을 가지고 집으로 가서 어머니를 위해 데워드립니다. 루하의 어머니는 먼 거리를 걷지 못합니다. 주일이면 교회를 가기 위해 한 블록 반을 차를 타고 가며 휴가 때는 차로 움직여야 합니다.

호수네 가족들은 종종 해변에서 일주일간 머무르기 위해 천막과 주방기기 들을 준비합니다. 하지만 호수 할머니는 함

호수와 그의 할머니

한때 대부분의 가정은
할아버지 할머니와 함께 살았고
이러한 삶은 모두에게 유익과 충족감을 주었습니다
제일 나이든 어른은 주위의 가족들로부터
존경을 받았는데 이는 길이 보존할만한
유교와 기독교의 가치체계입니다

께 떠나더라도 다른 가족들이 천막 안에서 잘 때, 근처 민박집에서 묵습니다. 한번은 숙박집 주인이 할머니에 대한 호수네 가족들의 특별한 보살핌에 감동을 받아 방값을 깎아준 적도 있었습니다.

아주 어렸을 적부터 책읽기를 좋아한 첫째 예은이는 활달하며 친근한 아이입니다. 둘째 예지는 조용하며 생각이 깊고 엄마를 닮아 예쁩니다. 이 두 딸은 모두 태어날 때 부모로부터 따뜻한 환영을 받았습니다. 루하는 자신이 부모에게 네 번째 딸이라는 심리적 부담감을 다섯째인 남동생이 태어나서야 마침내 버릴 수 있었다고 합니다. 이러한 환경으로 루하는 남자처럼 육체적으로 강하고 담대하게 되기를 원했습니다. 그래서 그녀는 공수부대에 입대했고 100회나 되는 낙하산 점프를 해낼 정도였습니다.

그런 루하에게 하나님은 당신께서 딸들도 아들들만큼 사랑하시며 딸들에게 매우 중요하고도 특별한 일을 예비하고 계시다는 것을 예은이와 예지를 통해 보여주셨습니다. 그리고 후에 막내인 호수가 태어났습니다. 호수는 아주 조용한 아기였지만, 부끄러움이 점점 사라지면서 이제는 누구에게든 다정한 인사를 하고 똑똑한 말솜씨와 함께 어디든 달려

나갑니다.

   하나님의 말씀은 이렇게 말하고 있습니다.

   "너는 너의 하나님 여호와의 명한 대로 네 부모를 공경하라"(신 5:16).

   "자녀들아 모든 일에 부모에게 순종하라 이는 주 안에서 기쁘게 하는 것이니라"(골 3:20).

   "또 아비들아 너희 자녀를 노엽게 하지 말고 오직 주의 교양과 훈계로 양육하라"(엡 6:4).

   "그러나 너희도 각각 자기의 아내 사랑하기를 자기같이 하고 아내도 그 남편을 경외하라"(엡 5:33).

   호수의 가정처럼, 이 모든 말씀이 여기 예수원에서 이루어지는 것을 볼 수 있는 나는 복된 사람입니다.

그저 감사할 뿐입니다

사람이 뜸한 거친 산지에 사는 가족 중 한 명이 갑자기 병으로 몸져눕게 되면 어떨까요? 저는 얼마 전 그런 상황을 겪으면서 몇 가지 사실을 깨달았습니다. 처음에는 단순한 감기인 줄만 알았던 것이 심한 기침으로 이어지면서 배탈로 악화되어 그만 자리에 눕고 말았습니다. 걱정하는 식구들에게 나는 "괜찮아."라고 했고 '내일이면 자리에서 일어나게 될 거야.'라고 자신했습니다.

하지만 그 후 3개월이 지난 지금에서야 회복이 되고 있습니다. 이 병치레로 생활은 엉망이 되었고 자존심도 무너졌으며 추운 날씨지만 별 문제없이 겨울을 날 수 있을 것이라고 했던 저의 생각도 틀렸다는 것이 입증되었습니다. 특히 제가 갖고 있던 선입견에 큰 충격을 가져다주었습니다.

지금 저는 이전보다 좀 더 현명해졌고 이 일을 겪으며 배우게 된 모든 것들로 인해 큰 감사를 드리고 있습니다. 또한 저에 대한 예수원 가족들의 애정도 깊이 깨달을 수 있었습니다.

하루는 신실한 딸 옌시가 엄청나게 큰 알약 한 알을 가지고 와서는 먹으라는 것이었습니다. 반신반의 했지만 놀랍게도 약의 효능이 나타났고 그제서야 다른 가족들이 여러 사랑의 선물을 내게 베풀어 주었다는 것을 알게 되었습니다.

살로메 자매는 미소를 지으며 내 등을 문질러 주었고 맛있는 생선과 부드러운 죽을 만들어 주었습니다. 그리고 나를 위해 기도하던 룻과 콜롬바 자매는 화분에 예쁜 꽃을 심어 주었고 식혜와 맛있는 닭죽도 가져다주었습니다. 수 자매도 함박웃음을 지으며 축복의 말을 해주었고 채리티 자매도 위로와 격려를 아끼지 않았습니다. 야곱(김봉성) 형제와 그의 아내 소피아(김지은)는 4개월 된 아들 한결이를 데려왔는데 그 아이를 안아보고 웃음과 미소로 대화하며 내 기분이 한결 좋아지곤 했습니다. 특별히 얼굴을 직접 보지 못한 가족들은 과일과 음식을 보내주었고 파스칼 형제는 집을 언제나 따뜻하게 해 주었습니다.

지난 1월 19일은 남편의 생일이었습니다. '기념행사를 할 것인가?' 고민했지만 서울에서 이 클라라 집사와 친구들이 꽃과 음식 등 다른 선물들을 갖고 오는 바람에 더 이상 고민할 필요가 없었습니다. 더욱 놀라운 것은 캘리포니아에서 안애단 신부가 중국의 동생과 함께 우리를 방문해 준 것이었습니다. 물론 저는 자리에서 일어나 옷을 차려입고 몇 시간 동안 프리실라(조현정) 자매가 만든 아름다운 케이크를 먹고 차를 마시며 그들과 함께 할 수 있었습니다.

나는 수년 전 남편이 심장이 좋지 않아 몇 주 동안 병상에 있어야만 했던 때를 기억했습니다. 남편은 그 기간에 열심히 기도하면서 평소 시간이 없어서 읽지 못했던 책들을 읽었습니다. 아들 벤은 유명한 건축가 프랭크 로이드 라이트의 전기와 과학자 알버트 아인슈타인의 전기 두 권을 아내에게 보내주었습니다. 책이 꽤 두꺼웠음에도 남편은 짧은 기간에 두 권을 다 읽었습니다.

그 후 남편은 나에게 사무실에서 미처 뜯어보지 못한 책들을 가져오게 하였습니다. 그 중 하나가 유진 폴스틱이 쓴 〈시간에 관하여〉라는 책이었는데 그 책은 전혀 예상치도 못했던 기쁨과 함께 중요한 전환점을 제공하였습니다.

폴스틱 씨는 20년간 성경에 있는 연대기를 연구하면서 성경의 모든 사건과 내용이 모두 사실이라는 것과 한 치의 실수도 없다는 것을 발견하게 되었습니다. 이 같은 사실은 면밀한 연구와 고대 달력과의 비교가 없이는 드러나지 않았을 것입니다. 그의 연구는 하나님의 진리에 대한 놀라운 증거였습니다. 남편은 이 사실에 흥분해 건강을 되찾자마자 폴스틱 씨와 연락을 하고 그를 한국으로 초대하였습니다.

하얀 수염이 덥수룩한 겸허한 학자를 만나 함께 대화한다는 것은 대단한 축복이었습니다. 이 소문이 사방으로 퍼지자 한동대 김영길 박사는 폴스틱 씨를 초대하였고 그에게 성서 연대기의 강의를 부탁했습니다.

이야기는 여기에서 끝나지 않았습니다. 강의를 들은 학생들의 열정적인 반응과 함께 이것이 계기가 되어 폴스틱 씨는 그해 봄 5월 예루살렘으로 여행을 하게 되었습니다. 그 여행은 그에게 참으로 특별한 것이었습니다.

이전에 그는 예수님의 2,000번째 생일에 대한 정확한 날짜를 밝혀냈는데 예수님의 2,000번째 생일이 되는 바로 그날 폴스틱 씨는 통곡의 벽에서 바로 예수님의 생일을 나타내는 2,000송이의 장미를 헌화하였던 것입니다. 한편 한동대에서는 학생들이 커다란 케이크와 2,000개의 촛불을 가지고 축하하였습니다. 만일 남편이 병상에 있지 않았더라면 이 놀랍고도 중요한 사실을 발견하지 못한 채 지나갔을 것입니다.

지금 나는 이 중요한 시간을 아처같이 사용하지 못한 채 허비하고 있는 것은 아닐까? 아마 그런 것 같습니다. 저의 마음은 '잠은 충분히 잤나?', '제때 약을 먹지 못한 것은 아닌가?', '저 음식은 맛있긴 한데, 소화를 할 수 있을까?'와 같이 세상적인 것들로만 차 있는 듯합니다.

이 산골짜기에서 의사의 치료를 받는다는 것은 쉬운 일이 아닙니다. 그런데 그 쉽지 않은 일을 경험하게 되었습니다. 친구인 정순미 자매가 우연히 태백으로부터 이곳에 하룻밤 피정을 하러 온 것이었습니다. 그녀는 나를 진찰해 주었고 그 후로도 풍성한 과일 바구니와 내가 좋아하는 아이스크림

아픈 나를 위해 불러준 노래로 나는 너무 행복했습니다

을 가지고 다시 찾아왔습니다.

또한 예수원 손님 중에 의사고시 최종시험을 막 치른 박은영 자매가 있었는데 그녀는 빨대를 사용해서 물을 마시는 방법 등 아주 유용한 정보를 알려주었습니다. 근처에 살던 도라 자매는 등을 문질러주고 맛있는 음식을 가져다주며 격려의 말과 기도로 늘 힘을 주었습니다. 또 예레미야(주철주) 형제를 통해 성찬 음식을 가져다주기도 하였습니다. 이러한 사람들의 관심 속에 건강은 점차 회복되었고 저는 모든 것을 즐기면서 우리 가족들의 솜씨에 놀랄 뿐입니다.

주일학교 선생님과 학생들로부터는 특별한 선물을 받기도 했습니다. 크레파스로 손수 그린 15개의 작품이었습니다. 그 그림들은 우리 지역의 산과 나무 그리고 우리 교회와 종탑, 예수원 건물을 따라 난 작은 길들, 안내표지판과 십자가들을 사랑스럽게 말하고 있었습니다. 모두 내 주위에 있는 너무 친숙한 것들이었습니다. 마치 나만을 위한 안부 엽서처럼 느껴졌습니다. 그것을 볼 때면 나무 뒤에서 흘낏 훔쳐보는 얼굴이나 하늘 중앙을 날고 있는 작은 새처럼 작지만 소중한 것들을 발견하게 됩니다.

이런 많은 것으로도 병상에 누운 나의 기분을 전환시키기에 충분치 않다고 생각을 했는지 하루는 초대장 한 장이 날라 왔습니다. "오늘 오후 3시에 큰 창문을 열고 내다보세요. 놀라운 일이 있을 것입니다." 큰 기대와 함께 나는 창문으로 갔습니다. 태양과 바람과 눈보라가 내 앞에서 아름다운 그림처럼 환하게 펼쳐져 있었습니다. 그 곳에서 예수원의 형제와 자매들 그리고 아이들이 웃으며 손을 흔들고 눈싸움을 하며 '예수님의 사랑 신기하고 놀라워'를 부르고 있었습니다. 그 모습을 보면서 나는 '예수님, 감사합니다. 몸이 아파 슬프기도 하지만 이렇게 아름다운 사람들과 함께 있게 하시니 너무 기쁩니다.' 라는 감사뿐이었습니다.

이제는 우리 차례입니다

　태풍 매미가 한반도에 올라오고 있으며 강원도 동부 쪽으로 그것도 우리가 사는 예수원으로 향할 것이라는 소식을 들었습니다. 우리 모두는 창문과 문을 잠그고 만일의 사태를 대비해서 깨끗한 물을 채워두고 촛불을 준비했습니다.

서울에 있는 교회에서 온 필리핀 손님들은 추석 다음날 아침 빗길 속에 서울로 떠났습니다. 그러나 아무도 그날 밤 그리고 다음날 새벽까지 시속 300마일의 바람이 불어오리라고는 전혀 예상하지 못했습니다.

비와 바람 그리고 불길한 예상 때문에 나는 한 밤 중에도 잠을 청할 수 없었습니다. 그래서 예수원내 주변을 점검하던 중 물이 지하 사무실 마루까지 들이닥치는 것을 발견하였습니다. 곧바로 나는 한 형제에게 전화를 하였고, 조금 뒤 많은 사람들이 모여 물을 퍼냈습니다. 결국 녹초가 돼버린 나는 아침까지 잠을 잤습니다. 냇가가 소란하였지만, 비바람의 어떠한 징조도 없었는데 결국 태풍이 온 것이었습니다.

산 높은 곳에 사는 우리는 새로 만든 콘크리트길에 두 개의 구멍이 난 것 외에는 재해를 거의 입지 않았습니다. 그러나 마을의 몇 가옥이 침수되었다는 소식을 들었습니다. 예수원 형제들이 도우러 내려갔는데 별다른 피해 소식은 더 듣지 못했습니다.

일주일 뒤, 나는 예수원 자녀들이 마을 학교가 아닌 미동에 있는 학교까지 가는 것을 알고 의아해했습니다. "아직, 모르셨어요?" 누군가 말해주었습니다. "마을에 있는 학교가 붕괴되었거든요." 큰 충격이었습니다.

    나는 큰 딸 옌시에게 채비를 하라고 한 뒤 함께 마을로 내려갔습니다. 슬픔에 잠긴 선생님은 우리에게 피해상황을 보여주었습니다. 진흙더미가 학교에 쏟아져 내려와 담벽의 어깨 높이까지 쌓였습니다. 훌륭한 나무 마루를 모두 망쳤으며, 두 개의 교실 사이 벽을 무너뜨렸고, 책과 사무가구들을 못쓰게 만들었습니다. 운동장은 물로 가득 차 있었습니다. 군인장병들이 며칠 동안 깨끗하게 치웠지만 학교 시설물들은 여전히 사용할 수 없는 상태였습니다.

    '이전에도 이와 같은 적이 있었던가?' 예수원의 자녀들과 우리 자녀들이 그 학교에 다니는 동안에는 한번도 없었습니다. 옌시가 1학년에서 6학년까지 다녔던 그 학교는 당시 마을 주변 150명의 자녀들도 다니던 학교였습니다.

    옌시는 등하교에 2마일 되는 길을 걸어 다녀야했습니다. 처음에는 예수원 형제들의 도움을 받았지만, 나중에는 혼자서 다녔고, 때때로 자신의 예쁜 옷을 나누어 주었던 같은 반 친구들과 함께 다녔습니다. 친구들은 옌시의 가족이 미국인이라는 점에서 옌시를 자신들과는 조금은 다르게 여겼던 것 같습니다. 이것이 옌시의 마음에 상처를 주기도 했지만, 도리어 축복이 되어 달리기, 고운 한국말하기에서 옌시는 두각을 나타냈고 반에서 가장 정직한 학생이라는 담임선생님의 칭찬도 들었습니다. 옌시는 졸업하기 전에 우체국상을 타기도 했습니다.

옌시 밑으로 세 살 어린 버니도 그 학교를 나왔습니다. 버니에게 등하교의 먼 길을 오가는 것은 길가의 꽃과 바위의 벌레와 냇가의 작은 물고기들을 바라보는 잔치와도 같은 시간이었습니다. 버니 역시 금발의 머리와 파란 눈 때문에 아이들의 눈에 다르게 보였지만, 한국아이처럼 한국말을 하고 머리에 책을 이고 다니면서 그 차이를 극복하였습니다. 버니는 친구들부터 '개의 눈'이라고 불리며 여러 가지로 놀림을 받았지만 이 모든 것으로 인해 버니는 졸업할 때 인내의 상을 받았습니다.

그리고 우리에게는 하나님의 아들이라고 불렸던, 뉴욕에서 와서 우리가족과 함께 지낸 새미 임이 있었습니다. 그는 하사미 초등학교에 입학하여 6학년까지 마쳤는데 우리는 이 특별한 외국학생의 비자를 받기 위해 출입국관리사무소에 수없이 다녀야만 했습니다. 한국인과 같은 모습을 하고 있는 외국학생 새미는 이내 반 친구들에게 리더로 인정받았습니다. 수요일이면 학교가 일찍 파했기 때문에 친구들은 그를

머리에 책보따리를 이고 등교하는 버니

따라 예수원까지 올라왔는데 이것이 미리암 자매에게는 이들을 '복음 클럽'으로 만드는 더 할 나위없는 기회였습니다. 새미는 내게 장난치는 것을 좋아해 내가 새로 심은 꽃을 발로 밟는 시늉을 하고 매 순간 사람들을 즐겁게 해주는 재주가 있었습니다. 하지만 새미의 부모가 중학교 진학을 위해 새미를 미국으로 데려가던 졸업식은 우리에게 몹시 슬픈 날이었습니다.

많은 가족이 자녀들의 과외활동에 큰 부담을 갖고, TV와 컴퓨터가 가정훈련을 대체하고 있지만 우리들은 학교가 예수원 가족에게 외부 활동의 유일한 중심지가 되었다는 점을 수년을 지내오는 가운데 다행스럽게 여기고 있습니다. 우리 딸들이 다녔고, 예수원에서 태어난 두 번째 아이인 모니카 주가 여섯 살 때 일학년에 입학한 이후 학교는 우리를 위해 늘 곁에 있어주었습니다(모니카는 대학을 졸업하고 결혼하여 현재 뉴질랜드에 살고 있습니다).

매년 운동회 날은 부모와 아이들이 함께 참여하는 중요한 시간이었습니다. 심지어는 콜로넬과 피트 피터슨 부인 같은 예수원 방문자들도 소풍과 각종 달리기 시합, 줄다리기, 연주회, 낚시게임, 댄스, 태권도 시범에 즐겁게 참여하였습니다. 나는 이렇게 생각하곤 하였습니다. "이런 놀라운 것을 TV로 보지 않고 직접 참여하다니 정말 대단한 일이야!"라고 말입니다.

미국에서는 교회와 주정부가 점점 더 분리되고 있습니다. 바로 이러한 일과 이것이 주는 도덕적 가치의 손상으로 많은 부모들이 홈 스쿨링으로 자녀를 교육하고 있습니다. 나는 우리 마을의 학교 그리고 의심할 것도 없이 한국의 모든 학교들이 기독교 가르침에 과거에도 그리고 현재도 개방적이라는 데 대해 감사히 여기고 있습니다. 학교에서는 이따금 아처를 초청하여 아이들과 대화를 나누게 하였으며 한때는 예수원의 형제자매들이 학교 건물에서 주일학교를 진행하기도 하였었습니다.

이제와 돌이켜 볼 때 학교와 마을 사람들을 위해 그동안 더 많은 일을 할 수 있었더라면 하는 아쉬움이 남기도 합니다. 그들은 자신의 마을에 이주해 온 외국인인 우리들을 받아주었고, 우리가 그들에게 환영받고 있다는 느낌을 가질 수 있도록 하였습니다. 우리가 건물을 지을 때 도왔으며, 특히 능숙한 두 분의 목수 김정우, 김찬우 씨를 비롯해 마을 사람 모두는 계속해서 도움의 손길을 베풀어 주었습니다. 우리와 가장 인접해 사는 김시운 씨는 우리가 부지불식중에 그의 땅에 침범했을 때도 선한 이웃이 되어주었고 또 다른 이웃들은 젖소가 난로를 차서 헛간이 불탔을 때 긴급히 달려와 불을 꺼주었습니다. 전기 사고로 예수원의 서쪽 부속건물이 불에 타는 더 큰 재난을 당했을 때에도 그들의 도움으로 우리는 어려움을 이겨낼 수 있었습니다.

그리고 남편의 유골이 간단한 묘비와 함께 언덕 위 돌 벽 안에 묻힐 때 남편을 기억하기 위해 헌정된 커다란 화강암 기념비를 가져온 마을 사람들은 우리를 크게 감동시키기도 했습니다. 우리들은 그들이 우리를 얼마나 아끼고 있는지 깊이 깨달았습니다. 이제 이 소중한 사람들이 침수된 가옥과 학교와 수확할 수 없는 곡식으로 고통을 당하고 있습니다. 그들을 정말로 돕고 싶습니다. 이제 우리가 그들의 선한 이웃이 되어야 할 차례인 것입니다.

가족
너머에

가족 너머에

성경은 시편 139편 14절에서 "나를 지으심이 신묘막측하심이라."고 하고 있으며 16절에서는 "나를 위하여 정한 날이 … 주의 책에 다 기록이 되었나이다."라고 말하고 있습니다. 창조주께서 우리를 창조하기 원하셨고, 우리가 존재하기도 전에 우리의 인생을 계획하셨다는 사실은 전율을 느끼게 하는 감동이 아닐 수 없습니다. 엄마의 자궁에서 아기가 형성되고 세상에 태어난다는 것 또한 믿을 수 없는 또 하나의 기적입니다.

하나님이 주신 최고의 선물

모든 사람은 하나님의 형상대로 지음을 받았으며(창 1:17), 또한 하나님께 소중한 존재입니다. 성경은 시편 139편 14절에서 "나를 지으심이 신묘막측하심이라."고 하고 있으며 16절에서는 "나를 위하여 정한 날이 … 주의 책에 다 기록이 되었나이다."라고 말하고 있습니다. 창조주께서 우리를 창조하기 원하셨고, 우리가 존재하기도 전에 우리의 인생을 계획하셨다는 사실은 정말 전율을 느끼게 하는 감동이 아닐 수 없습니다. 엄마의 자궁에서 아기가 형성되고 세상에 태어난다는 것 또한 믿을 수 없는 또 하나의 기적입니다.

출산은 아기와 엄마 모두에게 결코 쉬운 일이 아닙니다. 하지만, 산고로 인한 보상은 상상을 초월하는 놀라운 것입니다. 마흔다섯에 버니를 낳았을 때 나는 의사가 버니를 위해 기도하는 것을 들었습니다. 그때 나 또한 나 자신에게 이렇게 말하고 있었습니다. "해산은 마치 고통의 회오리바람을 타고 올라가서 천상의 기쁨이라는 정원에 안착하는 것과 같다."

그렇다면 아기는 어떠할까요? 엄마의 자궁에서 편하게 있던 아기에게 출산은 아늑한 엄마 뱃속과는 전혀 다른 세상으로 나오는 것이어서 당연히 울음을 터뜨리고 마는 것입니다. 이렇게 맞닥뜨린 새로운 상황에 아기는 잘 적응할 수 있을까요? 그래서 백일을 지내고 나면 아기가 이 땅에 와서 3개월 동안 세상을 꿋꿋이 버티었다는 것을 알리는 큰 축하잔치를 하게 됩니다.

첫 돌이 되면 사람들은 아기의 앞날을 예언하는 재미난 게임을 합니다. "미래의 사명(천직)을 암시하는 물건 중 어떤 것에 아기는 손을 내밀까?" 그리고 다음 두 번째 생일이 되면 그 후로는 걷기 시작한 아기를 따라다니며 지켜보느라 엄마는 정신이 없게 됩니다.

한번은 아들 벤이 두 살이었을 때 뉴욕 펜실베니아 역에서 기차를 7시간이나 기다린 적이 있었습니다. 벤은 잠시도 앉아 있으려 하지 않았습니다. 종일 벤을 따라다녀야 했던 나는 앞으로 다시는 두 살 난 아들과 여행하지 않겠다는 선언까지 했습니다.

물론 옌시가 우리에게 왔을 때에는 나는 또 다시 그 일을 치를 준비가 되어 있었습니다. 벤과 여행했던 때처럼 미국의 여기저기를 돌아다니지는 않았지만, 대신 한국과 미국을 오가는 여행을 하였습니다. 그리고 차이가 있다면 옌시를 돌볼 때에는 성령을 받아 새로운 차원의 인내와 기쁨과 사랑이 내 안에 있다는 것이었습니다.

아이가 성장해가는 동안 몇 번의 특별한 사건들이 있습니다. 일곱, 여덟 살이 되면 학교에 입학을 합니다. 그리고 18세나 19세 무렵이 되면 고등학교를 졸업하고 직장을 갖거나 대학으로 진학하게 됩니다. 25세에서 30세 무렵에는 결혼을

첫 돌잔치

인생이란 하나님께서 사람에게 주신 가장 최고의 선물입니다
그 선물과 함께 하나님께서는 우리에게 당신의 계획에 따라
인생을 살아갈 수 있는 힘을 부여해 주십니다

하거나 평생의 직업을 향해 전심으로 일에 몰두합니다. 또한 고향으로 삼은 이 땅에서 나는 인생 60세에 주어지는 환갑이라는 의미에 매료되었습니다. 새 옷을 입고, 가족과 친구들이 모여 경의를 표하고 큰 화환이 배달됩니다. 그리고 엄청난 향연이 마련되고 여흥을 갖는 것이 그날의 일정입니다.

지난날 이 잔치는 삶의 변화를 의미하던 것이었다고 생각합니다. '일을 그만 두시고 이제는 수종을 받으십시오.' 라는. 요즘 시대에도 이 개념이 남아 있지만, 은퇴 연령은 연장되었습니다. 아직 건강이 넘치고 하고 싶은 일이 많이 있는데 누가 60세의 나이에 일을 그만두려 하겠습니까?

아처의 60회 생일이 돌아오자 배마가 주교님이 우리를 대전으로 불러 다른 목회자들과 함께 축하연을 베풀어 주셨습니다. 갈전의 조 목사님, 문곡교회 그리고 많은 친구들은 예수원에 찾아와 또 다른 큰 행사를 벌였습니다. 예수원 곳곳에 펼쳐진 잔칫상을 비운 뒤, 우리는 헛간의 건초 두는 곳에 모였습니다. 당시는 그곳이 가장 큰 장소였기 때문입니다. 그곳에서 사람들은 60년을 살아온 아처에게 절을 하며 축하 인사말을 나누고 특별한 여흥을 즐겼습니다. 그날은 매우 특별한 날이었습니다.

전에 우리는 판소리에서 '국보'로 불리는 박동진 씨가 그리스도인이 되었다는 소식을 들은 적이 있었습니다. 어떤 사람이 그에게, "성경이야기를 판소리로 불러보시지 않겠습니까? 너무나 좋은 내용들입니다."라고 하는 말을 듣고 성경을 판소리로 부르기 시작하면서 믿음을 갖게 되었다는 것이었습니다. 그리고 그는 60명이나 되는 가족을 예수께로 인도하였습니다. 우리는 '아처의 환갑에 그분을 꼭 초청하여 복음을 부르게 하고, 마을 친구들이 그의 복음 판소리를 듣고 믿음을 갖도록 했으면 좋겠다.'고 생각했습니다.

그런데 우리의 바람대로 아처의 60회 생일에 박동진 씨가 예수원을 찾아주었습니다. 실로 놀라운 판소리였습니다. 자신의 혼과 마음과 예술적 재능을 다해 예수님의 이야기를 말하는 동안 고수(북을 치는 사람)가 그와 호흡을 맞추었습니다. 그 추운 1월에 베드로의 예수님 부인과 십자가의 고난 그리고 승리를 노래하는 동안 그가 땀을 흘리는 것을 볼 수 있었습니다. "왜 춘향전을 부르지 않냐?"고 짓궂게 묻는 사람도 있었지만, 그의 판소리를 통해 우리가 모인 헛간이 거룩해지고 많은 사람들이 감동을 받았다는 것을 알 수 있었습니다.

60세가 된 아처는 은퇴하지 않았습니다. 아처는 70세가 되어서도 일을 하였고 80세가 되어서도 여전히 일을 하였습니다. 마침내 84세가 되었을 때 아처는 자신을 창조하신 분의 부르심을 받아 요단강을 건너갔습니다. 아처의 삶은 창조주의 계획에 따라 살았던 인생으로 자기 자신에게는 큰 만족을 또 주위에 있는 사람들에게는 커다란 기쁨을 주었습니다.

이제 나도 86세가 되었습니다. 아직 은퇴하지는 않았지만 육신이 점점 힘들어지고 있음을 말하지 않을 수 없습니다. 하고 싶은 일들을 하고, 잠을 깊이 자고, 낙심하는 마음과 싸움을 벌이는 것이 이제는 조금씩 힘에 부치는 것이 사실입니다. 살아있는 날 동안 계속해서 나를 향한 하나님의 계획을 드러내어 보여주시기를 기도드릴 뿐입니다.

멋진 친구들이 있다는 것 또한 얼마나 감사한 일인지요! 그들은 서울의 근사한 호텔로 나를 초대해주었습니다. 그곳 호텔에서 처음 한국에 왔을 때부터 알고 지내온 귀한 친구들과 저녁식사를 하였습니다. 그 다음날 저녁이 내 생일이었는데 그날 친구 집에서 본격적인 만찬이 있었습니다. 수많은 손님들이 찾아와 내게 선물을 주고 즐거운 시간을 가졌습니다.

이런 생일잔치는 수년 간 계속되고 있으며 점점 더 멋진 생일잔치가 되고 있습니다. 지난번에는 15명의 한동대학교 학생들이 하객으로 와서 축복을 빌어주고 선물과 함께 노래를 불러 주었습니다. 교회 정책으로 65세에 사역지를 떠나야만 하는 선교사들의 마음은 얼마나 슬프겠습니까! 나는 나의 상사이신 하나님께서 아직껏 사역지에 머무르게 해주심을 감사드립니다.

또 다른 축하연을 위해 나는 서울에서 예수원으로 돌아왔습니다. 늘 그랬듯이 자매 한 명이 나와 함께 나사렛 건물로 걸어갔습니다. 식당으로 들어가자 상위에 잔치음식이 차려져 있었고, 노래가 울려퍼지는 가운데 아름다운 촛불이 켜져 있는 생일 케이크가 들어오고 있었습니다. 기도를 마치고 나는 촛불을 껐습니다. 그러자 예수원 식구들로부터 천장이 떠나갈듯 한 박수가 터져 나왔습니다. 이들은 모두 나의 가족들로 내 생일 축하를 위해 3일을 기다렸던 것입니다.

예수원 식구들은 일 년에 모두 약 70회의 생일잔치를 엽니다. 예수원의 형제자매들은 아이의 생일이건 할머니 할아버지의 생일이건 생일잔치를 늘 놀라운 이벤트로 만들어왔습니다. 우리는 사람들에게서 "이렇게 놀랍게 축하를 받은 생일은 이번이 처음이다."라고 말하는 것을 여러 번 들었습니다.

    인생이란 하나님께서 사람에게 주신 가장 최고의 선물입니다. 그 선물과 함께 하나님께서는 우리에게 당신의 계획에 따라 인생을 살아갈 수 있는 힘을 부여해 주십니다.

둘이 하나 되는 비밀

 사람들은 금번 21세기에 들어서 인류 문명의 기초이기도 한 결혼제도가 심각한 위기에 처했다고 말할는지 모르겠습니다. 사람들은 결혼하지 않은 채로 함께 살거나 혹 결혼을 하더라도 곧 이혼하고 서로에 대한 헌신도 없고 결혼에 대한 자유로운 사고방식만이 존재하고 한때 불법적이고 불건전하다고 여겨졌던 것조차 그저 삶의 한 방식으로 받아들여지고 있기 때문입니다.

이런 상황과 달리 얼마 전 나는 한 달 동안 네 군데의 교회결혼식에 초청 받은 것을 아주 기쁘게 말하고 싶습니다. 멋지게 인쇄된 아름다운 청첩장에는 자녀를 내어주는 부모의 이야기가 그리고 헌신적인 삶에 자신들을 기쁘게 내맡기는 자녀들의 이야기가 적혀 있었습니다. 하나님을 찬양하지 않을 수 없습니다. 내가 아는 것만도 한 달 새에 네 번의 결혼식이라니 말입니다. 이전에는 없던 일이었습니다. 이것이 뜻하는 것은 결혼은 여전히 본래 의미대로 존재하고 있으며 오늘날도 젊은이들의 꿈이며 바람이라는 것 아니겠습니까.

물론 네 군데 결혼식 모두를 참석할 수는 없었습니다. 그 중 세 개의 결혼식이 같은 날 치러졌기 때문에 나는 여동생의 손자 지미의 결혼식과 내 손자 결혼식에만 참석해야 했습니다. 예식에 참석하기 위해 거의 지구 반 되는 거리를 가로질러 날아가야 했지만 전혀 무리가 되지 않았습니다. 그만큼 둘의 결혼식이 중요했기 때문입니다.

지미와 스테파니의 결혼식이 있었던 노스캐롤라이나의 롸알리(Raleigh)성당. 나는 성당 맨 앞자리에 자리를 잡았습니다. 얼마나 멋진 축제였는지요! 20여명의 성가대원이 흥겹게 노래를 부르며 하나님의 어린양 예수님을 찬양하고 노래에 맞춰 몸을 좌우로 흔들었습니다. 그리고는 한국에서는 본 적이 없는 아주 긴 결혼행렬이 이어졌습니다.

신랑의 친척과 친구들인 여섯 명의 멋진 청년들이 신부의 친척과 친구 여섯 명을 대동하여 함께 들어왔고 이어서 예식을 위해 동일한 의상을 갖춰 입은 신랑의 남녀 조카 아홉 명이 식장에 들어섰습니다. 그리고 이들과 함께 신랑과 그의 가장 친한 친구는 신부를 맞이하기 위해 제단 앞에 모여 섰습니다.

음악소리가 점점 커지자 모든 사람들이 일어섰습니다. 그리고 그때 눈부시게 흰 드레스를 나부끼며 웃음을 한껏 머금은 아름다운 신부가 아버지의 손에 이끌려 예식장의 긴 통로를 걸어 들어왔습니다. 영화 속 한 장면이 아닙니다. 실제 눈앞에서 펼쳐지고 있는 장면입니다. 지미와 스테파니는 영원히 함께 할 그들의 미래를 향해 발걸음을 내딛고 있는 것이었습니다. 그리고 사제가 제단 주변을 돌며 신랑과 신부 두 사람을 결합시키는 의식을 보는 것 또한 즐거움이었습니다. 어느 순간에 이르러 그는 신랑과 신부를 의자에 앉히고는 그들에게 어떻게 서로에게와 하나님에 대해 진실 된 삶을 살 수 있는가에 대해 말해주었습니다.

한 친구가 내게 말했습니다. "그가 어떻게 그런 걸 말해줄 수 있을까? 그는 결혼도 하지 않았잖아?"라고 말입니다. 나는 "그는 대학에서 결혼강좌를 가르치는 내 젊은 친구 최버니스처럼 할 수 있을 거야. 최버니스 역시 결혼하지 않았지만 성경이 말하고 있는 것을 학생들에게 말해주지. 그리고 그들은 그 가르침을 매우 좋아한다고 해."라고 말해주었습니다.

그렇다면 성경이 말하고 있는 것이 무엇입니까? 성경은 하나님께서 아담을 창조하셨다고 말하고 있습니다. 그리고 그가 혼자 있는 것이 하나님 보시기에 좋아 보이지 않았다고 합니다. 그래서 하나님은 아담에게서 갈비뼈를 취해 여자를 만드시고 아담의 돕는 배필로 삼으셨습니다. 그리고 그들을 아름다운 동산에 두시고 그들이 사랑하며 열매를 맺는 삶을 살도록 하셨습니다(창 1:27~28).

성경은 사랑에 대해서 "사랑은 오래 참고 사랑은 온유하며 투기하는 자가 되지 아니하며 사랑은 자랑하지 아니하며 교만하지 아니하며 무례히 행치 아니하며 자기의 유익을 구치 아니하며 성내지 아니하며 악한 것을 생각지 아니하며 불의를 기뻐하지 아니하며 진리와 함께 기뻐하고 모든 것을 참으며 모든 것을 믿으며 모든 것을 바라며 모든 것을 견디느니라 사랑은 언제까지든지 떨어지지 아니하나"(고전 13:4~8)라고 말하고 있으며, 그리고 열매를 맺는 것에 대해서는 "자식은 여호와의 주신 기업이요 태의 열매는 그의 상급이로다…"(시 127:3~5)라고 말하고 있습니다.

한 남자와 한 여자의 결혼은 그리스도와 교회의 결합과 같아야 합니다. 남자는 그 자신을 아내를 위해 기꺼이 내어주어 아내로 하여금 거룩하고 성결 하고 흠이 없이 드려지도록 해야 합니다. "…이러므로 사람이 부모를 떠나 그 아내와 합하여 그 둘이 한 육체가 될지니 이 비밀이 크도다…"(엡 5:21~33 참조). 그리고 이 비밀은 둘이 서로 사랑하고 서로에게 자신을 맡길 때 발견됩니다. "그러므로 하나님이 짝지어 주신 것을 사람이 나누지 못할지니라"(막 10:9). 토비라고 하는 고전에 보면 신랑 토비아스가 하나님께 이렇게 말하고 있습니다. "순전한 마음으로 아내를 데려옵니다. 자비를 베푸셔서 나와 아내를 긍휼히 여기시며 해로할 때까지 우리를 함께 이끄소서."

이 모든 교훈은 모두 성경의 가르침이고 내가 참석했던 두 번의 결혼식에서 인용되었던 것들입니다. 물론 성경에는

루우벤과 로잘린의 결혼

이외에도 더 많은 가르침이 있습니다. 우리가 주님을 사랑하며 섬긴다는 것이 얼마나 다행스러운 일인지 모르겠습니다. 왜냐하면 우리는 그의 말씀을 따라 살아가므로 이 세상의 방법을 따라 고통스럽게 헤매지 않아도 되기 때문입니다.

나는 손자 루우벤과 손자 며느리 로잘린 결혼식에서 아들 벤이 말씀을 나누는 것을 들을 수 있어 또한 기뻤습니다. 벤은 "바울은 왜 '남편들이여, 아내를 사랑하십시오. 그리고 아내들이여, 남편을 존경하십시오' 라고 했을까요? 남자는 본질상 아이들의 어머니인 자신의 아내를 존경하는 것이 더 쉽습니다. 하지만 아내에 대한 사랑은 점점 식어지게 되고 남편은 방황하게 될 것입니다. 반면에 아내는 그의 남편을 사랑하는 것이 보다 쉽습니다. 그러나 하나님께서 그녀에게 주신 동반자이며 가정의 영적 권위자로서 남편을 존경하는 것에는 실패할지 모릅니다."라는 말씀을 나누었습니다.

손자 루우벤과 사랑스런 로잘린의 결혼식은 매우 뜻 깊었습니다. 모인 회중들의 노래와 함께 바이올린과 피아노, 목소리들이 함께 어우러졌습니다. 신부와 신랑 측 들러리들을 포함, 결혼식을 도운 이들만도 모두 아홉 명이나 되었습니다.

결혼행렬은 지미와 스테파니의 결혼행렬만큼 길지는 않

앉습니다. 지미와 스테파니 결혼행렬에는 20명이나 되는 사람들이 뒤따랐지만 루우벤과 로잘린의 행렬에는 세 명만이 그 뒤를 따랐기 때문입니다. 또한 참석한 모든 사람들은 성찬에 참여했습니다. 사람들이 앞으로 나와 신랑과 신부를 위해 마련된 상좌 곁에 줄을 지어 섰을 때 루우벤과 로잘린은 인근으로부터 멀리는 사우디아라비아에서 찾아온 그들의 가족과 친지들을 보고 미소를 지어 보냈습니다.

두 결혼식 후에는 모두 즐거운 향연이 베풀어졌습니다. 음식은 왕들에게 내놓아도 손색이 없을 정도로 훌륭했으며 결혼 케이크는 수백 명이 먹고도 남을 정도였습니다. 이 향연으로 결혼식에 참석한 우리들의 우정은 새롭게 다져졌고 서로 더 친숙해질 수 있었습니다. 그리고 참석한 이들은 모두 색종이와 풍선, 팡파레와 신랑 신부의 영원한 행복을 기원하는 기도와 함께 그들을 보내는 시간을 가졌습니다. 이제 그들이 하나님을 중심에 모시고 새롭게 엮어나갈 시간들이 기대됩니다.

결혼은 정복하고 정착해야 하는 새로운 영토입니다

여름은 화창한 날씨와 휴가의 계절이요 또한 결혼의 계절입니다. 얼마 전 미국에서 있었던 두 번의 결혼식에 참석한 뒤 다시 한국에 돌아왔습니다. 5개월 후 결혼할 커플의 약혼식이 한국에서 있었기 때문입니다.

약혼식에서 아린과 노아는 연회장을 가득 메운 친구와 친척들이 보는 앞에서 서약을 하였습니다. 그런 성대한 파티는 처음이었습니다. 엄청나게 많은 화환과 촛불, 우아하게 꾸며진 테이블, 근사하게 차려입은 남자와 여자들, 약혼 커플에 대한 소개와 축복의 말들, 최고의 연주와 목소리로 이루어진 음악과 판소리 그리고 마지막으로 아린의 피아노와 노아의 바이올린으로 수놓은 환상적인 연주. 더구나 신랑의 오랜 친구인 지미는 예식의 사회자로 이 모든 순서에 유머를 곁들여 식사를 하고 있던 하객들에게 기쁨과 즐거움을 더해 주었습니다.

다음날은 신랑 부모 집에서 '함'이라고 불리는 또 다른 잔치가 있었습니다. 나는 처음으로 한국문화가 결혼을 얼마나 진지하게 여기고 있는가를 보게 되었습니다. 결혼이 평생의 연합이기 때문에 예물로 가득 찬 값비싼 상자들이 하나는 신랑을 위해, 하나는 신부를 위해 마련되었습니다. 그 안에는 아주 아름다운 보석과 시계, 펜, 한복, 목각 오리 한 쌍(오리는 자기 짝에게 진실 되기 때문입니다)과 성경이 있었습니다. 사회를 본 안드레 목사는 한국 전통과 함께 결혼에 대한 하나님의 말씀을 선포해 주었습니다.

결혼까지 아직 5개월을 기다려야하는 아린과 노아는 약혼이 주는 과정의 중요성, 결혼의 거룩함, 결혼으로 인한 개

신랑과 신부를 위한 예물함

결혼은 마치 신천지를 정복하고 난 후
그곳에 정착하는 것과 같습니다
그래서 결혼 당사자들은
마치 1840년 미시시피 강을 건너
한번도 가보지 않은 땅으로 탐험을 간
미국 개척자들과 같으며
아무리 많은 사람들이
결혼이라는 영토에 들어갔다 할지라도
지금 그곳에 들어가는 사람들에게는
여전히 정복되지 않은 땅입니다

결혼은 정복하고 정착해야 하는 새로운 영토입니다

인적인 성취감과 더 좋은 사회를 만들기 위한 헌신 그리고 평생의 연합이 주는 만족으로 깊이 들어갈 것입니다. 또한 함께 피아노와 바이올린을 연주하며 두 사람은 기쁨과 만족으로 각자의 삶을 채우게 될 것입니다. 하와이에서 있게 될 이 두 사람의 결혼식에는 미국(노아의 집)과 한국(아린의 집)에서 친구와 친척들이 모여 두 사람이 함께 걷게 될 발걸음을 격려할 것입니다.

그날 잔치에서 예물상자를 보며 래리 크리스챤슨이 가족의 삶에 대해 쓴 책 내용이 생각났습니다. 그는 결혼은 마치 신천지를 정복하고 난 후 그곳에 정착하는 것과 같다고 말하고 있습니다. 그래서 결혼 당사자들은 마치 1840년 미시시피 강을 건너 한번도 가보지 않은 땅으로 탐험을 간 미국 개척자들과 같으며 아무리 많은 사람들이 결혼이라는 영토에 들어갔다 할지라도 지금 그곳에 들어가는 커플들에게는 여전히 정복되지 않은 땅이라는 것입니다.

개척에는 애써 싸워나가야 할 두 가지가 있습니다. 하나는 소망이고(비전은 새 땅에서 누리게 될 가정과 부와 영광된 미래를 갖고 있습니다), 또 다른 하나는 어려움입니다(새 땅은 투쟁 없이 그 가진 보물을 내어놓지 않습니다).

커플들은 결혼이 소망하는 모든 것이며, 앞으로 행복한 날들만 있을 것이라고 믿습니다. 그런데 고난과 괴로움이 찾아온다면 어떻게 할 수 있을까요? 쉽게 포기하거나 비참하지만 쉬운 탈출구를 택하진 않을까요? 만일 그들이 소망과 어려움은 서로 짝을 이루고 있다는 것과 소중한 것은 쉽사리 손에 들어오지 않는다는 것을 아는 진정한 개척자들이라면 결코 그렇게 하지 않을 것입니다. 투쟁과 인내와 믿음을 위한 값을 치러야만 합니다. 진정한 개척자들은 투쟁을 통해서 신천지가 주는 부요함 가운데 들어갈 수 있다는 사실을 아는 사람들입니다.

래리의 책에서 이 내용들을 접하며 나는 결혼 초기에 가졌던 투쟁을 생각하게 되었습니다. 그리고 결국 그 투쟁으로 나는 신천지의 풍성함을 누리게 되었고 말입니다. 남편은 책을 쓰기 원했습니다. 그래서 백인교회와 흑인교회의 목회를 하는 가운데 틈틈이 시간을 내어 글을 썼습니다. 그리고 생활비를 마련해야 했기 때문에 파트타임으로 건설 일을 하였습니다. 그러나 흑인들의 인권투쟁에 너무 깊이 개입하는 바람에 남편은 그만 건설 일자리를 잃고 말았습니다.

나는 '아처가 어떻게 생활비를 마련할 수 있을까' 걱정했습니다. 하지만 남편은 걱정을 하지 않았습니다. 그리고 이렇게 말하는 것이었습니다. "하나님께서 분명히 우리에게 무엇을 해야 하는지 보여주실 거야." 아내는 내가 곧 배우게 될 사실을 이미 알고 있었던 것입니다. 하나님은 당신의 자녀가 당신의 뜻을 따르려 한다면 그 자녀들을 언제나 보호하신다는 사실을 말입니다.

그런데 내 걱정이 채 깊어지기도 전에 일들이 일어나기 시작하였습니다. 신학교 동창으로부터 우편으로 수표가 보내져온 것입니다. 그가 어떻게 우리의 사정을 알았을까요? 하나님께서는 분명히 그에게 말씀하셨을 것입니다. 그것은 하나님께서 우리에게 부어주신 엄청난 일들의 시작이었습니다. 어떤 가난한 백인 친구들은 오래된 트럭을 몰고 와 흑인 친구들이 보내준 채소 두 박스를 건네주고 갔습니다.

또한 추수감사절이 다가오고 손님들을 접대해야 할 때, 그때 우리에게 손님들을 맞이할 준비가 되어 있었을까요? 그렇습니다. 하나님께서는 우리가 필요로 하는 모든 것을 공급하셨습니다. 심지어 음식을 요리할 사람까지 말입니다. 그리고 얼마 후 크리스마스가 다가와, 다시 손님들을 접대해야 하는 때에도 하나님께서는 이미 다 준비를 마쳐놓고 계셨습니다! 더구나 전혀 예기치 않은 곳으로부터 모든 것들이 공급되어졌습니다. 그러다보니 '다음은 어디로부터 우리의 필요가 채워질 것인가?' 궁금해지며 재미있게 여겨지기 시작하였습니다.

이러한 일은 하나님께서 우리를 다른 곳으로 이동시키기까지 수개월 계속되었습니다. 이 일들을 통해 나는 귀한 보물과도 같은 교훈, 우리가 하나님의 뜻을 행하려 한다면 하나님께서는 당신의 자녀들을 친히 돌보신다는 것을 배웠습니다. 그리고 이 지식으로 인해 한참 뒤 나는 기쁜 마음으로 남편과 함께 강원도 하사미동 산7번지의 광야와도 같은 곳으로 들어가 예수원 설립에 동참할 수 있었습니다.

하나님께서는 가족을 사랑하시며, 그의 은혜 가운데 세대에 세대를 거쳐 가족이 만들어지고 있습니다. 하나님은 가족에게 영적인 육적인 유산들을 물려주고 계십니다. 딸 옌시는 바느질에 사용하였던 깔끔하면서 자그마한 나무 작업 테이블을 물려받을 것입니다. 그 서랍 안에는 다음과 같이 적혀있는 카드가 붙여져 있습니다. "이 작업 테이블은 부모 바트렛과 낸시 옌시가 딸 캐트린 옌시 매반에게 물려준 것입니다. 캐트린은 이것을 딸 프랜시스 옌시 메반 스미스에게, 프랜시스는 그 딸 프랜시스 메반 스미스에게, 프랜시스는 그

조카 제인 메반 그레이 토레이에게 주었고, 제인은 그 딸 옌시 클레어 토레이에게 줄 것입니다." 이 테이블은 6세대나 거슬러 올라갑니다.

아린과 노아의 약혼식 전에 있었던 손자 루우벤의 결혼식 때 루우벤은 신부 로잘린에게 토레이 가족 대대로 내려온 금반지(보석이나 돌기가 없는 수수한 반지)를 주었습니다. 바로 이 반지에도 6세대에 걸쳐 결혼한 커플들의 이니셜이 새겨져 있습니다. 얼마나 귀중한 유산입니까!

성경은 누가복음 1장 50절을 통해 말씀하고 있습니다. "긍휼하심이 두려워하는 자에게 대대로 이르는도다."

그의 고난을 인하여

　지난주 예수원에서는 세미나가 열렸습니다. 40년 넘도록 성경이 인생을 효과적으로 살도록 인도하는 가장 실제적인 안내서라는 것을 보여주었던 저명한 강사의 강의였습니다. 그의 이름은 빌 가싸드(Bill Gothard)로 우리는 안요셉 목사가 한국어로 번역한 비디오로 그의 강의를 들었습니다.

강의 주제 중 하나는 '하나님께서 우리의 고난을 통해 어떻게 선을 이루시는가.'였는데 디모데후서 2장 12절 "참으면 또한 함께 왕 노릇할 것이요 우리가 주를 부인하면 주도 우리를 부인하실 것이라."는 말씀에 근거한 내용이었습니다. 강의를 듣고 나는 고난을 겪은 남동생이 다시금 생각났고 또한 그로 인해 감사를 드리게 되었습니다. 왜냐하면 남동생이 받은 고난이 나의 영적 삶에 너무나 중요한 영향을 미쳤기 때문입니다.

아마 우리 식구 중에 디버니아만큼 머리가 좋은 사람도 없을 겁니다. 그는 의사가 되기를 원했습니다. 하지만 해군 복무를 마치고 대학에 복학한 후 마지막 학년이 되었을 때 디버니아에게 뇌종양의 증후가 찾아왔습니다. 몇 년 후 종양을 제거하기 위한 수술을 받았고, 의사는 디버니아가 수술 후 6개월을 못 넘길 것이라고 말하였습니다. 그러나 디버니아는 6년을 더 살았습니다! 지금도 우리 가족은 이것이 디버니아의 치유를 위해 수많은 사람들이 기도했기 때문이라고 믿고 있습니다.

하나님께서 디버니아를 정말로 치유하셨던 것일까요? 그

렇지 않았습니다. 대신 하나님은 당신의 나라를 위하여 놀라운 방법으로 디버니아의 고통을 사용하셨습니다. 디버니아는 수술 후 성경으로 읽고 쓰기를 다시 배우기 시작했습니다. 수술로 인해 디버니아는 옳고 그른 것을 판단하는 감각 외에는 모든 것을 잊어버린 것 같았습니다.

우리 가족들은 디버니아와 함께 있으면서 디버니아가 올바른 일을 하려고 애쓰는 것을 볼 때마다, '디버니아가 옳은 일을 하려고 애쓰는 만큼 우리 역시 그 만큼 애쓰고 있는가?'라는 생각 때문에 마음에 깊은 찔림을 받곤 했습니다. 디버니아는 그리스도인들이 자신이 가지고 있는 것을 궁핍한 자와 나누므로 더 나은 그리스도인의 삶을 살도록 하는 일에 그 자신이 도움이 되기를 원했습니다. 그리고 결국 디버니아는 방법을 찾아냈습니다.

재향군인병원에서 치료를 받는 동안 자신에게 그림을 그리는 재능이 있다는 것을 발견한 디버니아는 수많은 정물화를 그리기 시작했습니다. 디버니아는 그림 중 하나를 보여주면서 해설을 해주었습니다. 정 중앙에 있는 작고 보잘 것 없는 미제 설탕 그릇은 세계에서 가장 크고 가장 힘센 나라 중 하나를 상징하는 것이라고 말하였습니다. 설탕 그릇 뒤에 있는 화려하면서 아름답게 장식된 커다란 쟁반은 제일 작은 나라 중 하나인 핀란드를 상징하고 또 그 둘 뒤에는 파란색 천이 드리워져 있었는데 그것은 유엔을 상징하는 것이라고 했습니다. 또 파란색 천 밖으로는 아름다운 중국 청동 촛대가 서 있는 것이라고 설명했습니다.

그는 자신의 소망은 중국이 유엔에 가입하고, 강대국들이 약소국가들을 돕는 것이라고 하였습니다. 이것이 그가 말한 이야기의 주제였고, 그 외에도 더 많은 이야기들을 했습니다. 디버니아는 일상적인 대화를 하거나 질문에 답하는데 어려움이 있었지만 자신이 하고자 하는 이야기를 잘 할 수 있을 때까지 연습에 연습을 거듭했습니다. 자신의 그림에 관한 이야기를 해주기 위해서 디버니아는 그림을 들고 남의 집 문을 두드렸고, 가족을 방문하러 가는 기차 안에서도 사람들에게 그림을 보여주곤 했습니다.

대부분의 사람들이 처음에는 디버니아를 아주 이상하게 생각했지만, 얼마 있지 않아 그들은 그가 말하고자 하는 바를 이해하였습니다. 그리고 사람들은 그에게 돈을 주기 시작하였습니다. 그때 디버니아는 "상징적으로 단 1달러만 받겠습니다."라고 말하고는 사람들에게 CARE(전 세계 도움이 필요한 곳에 도움을 주는 기관)에 관한 홍보지를 주며 홍보

디버니아가 자신이 그린 그림을 설명하고 있습니다

디버니아의 삶은 내 영적 성장을 위해 드려진 산 제사였습니다
이 모든 일은 빌 가짜드가 인용한 성경구절을 생각나게 합니다
"그리스도께서도 한번 죄를 위하여 죽으사
의인으로서 불의한 자를 대신하셨으니
이는 우리를 하나님 앞으로 인도하려 하심이라"
(벧전 3:18)

그의 고난을 인하여

지를 읽고 가장 도움이 필요한 곳에 도움을 주는 CARE에 하나님께서 이끄시는 대로 행하라고 권하였습니다. 이러한 일은 수년 간 계속되었습니다.

당시 세계에서 가장 어려운 나라는 전쟁으로 찢겨진 한국이었습니다. 일인당 오직 1달러만 받았던 디버니아는 수 천 달러를 모금하여 한국에 보낼 수 있었고, 디버니아를 만났던 사람들도 한국을 위해 CARE에 많은 돈을 보내주었습니다. 디버니아는 한국으로부터 많은 편지를 받았는데 농기구, 재봉틀, 담요, 음식 등 여러 가지를 보내준 것에 대한 감사의 내용이 담겨있었습니다. CARE는 디버니아에게 그의 활동에 대한 감사장을 수여하기도 했습니다.

그러던 어느 날 갑자기 감기에 걸린 디버니아는 앞을 볼 수 없게 되었고 결국 세상을 떠나고 말았습니다. 부모님은 수백 통의 편지를 받았는데, 편지를 보낸 사람들은 디버니아가 하나님의 나라를 확장시키기 위해 자신의 모든 사고력을 사용하는 동안 만난 사람들이었습니다. 그들은 마음의 감동을 받아 더 나은 삶으로 나아간 자들이었습니다. 소중한 형제를 잃어 슬펐음에도 우리들은 하나님께서 디버니아를 놀랍게 사용하셨다는 사실에 기뻐하였습니다.

남동생을 살리고 싶은 간절한 마음에 나는 영적치유에 대한 책을 읽었고, 소망을 주는 성경구절을 찾곤 했는데 이것을 안 어떤 사람이 목회상담과 영적치유세미나에 나를 초대하였습니다. 처음에 나는 '이제 디버니아가 떠났으니 필요 없어!' 라고 생각했지만, 그 세미나가 한국으로 가기 전 내가 읽었던 책들이 말하고 있는 '하나님께서는 오늘도 예수님께서 사셨던 때처럼 기적을 행하시고 있다.' 는 내용이 사실인지를 확인할 수 있는 기회라는 것을 깨닫게 되었습니다. 나는 심한 독감에 걸렸지만 하나님께서 그 세미나로 나를 강하게 인도하시는 것을 느낄 수 있었습니다.

그리고 그 주간 내 인생은 완전히 변화되고 말았습니다! 세미나 장소에 도착해 보니 이미 그곳에는 40명의 여인이 있었고 그들 모두 큰 기대를 갖고 온 것을 알 수 있었습니다. 참석자들의 열린 마음과 믿음과 하나 됨은 하나님의 손이 자유롭게 참석자들을 움직여 하나님께서 원하시는 것을 행하실 수 있도록 만들었습니다.

내가 읽었던 책의 내용은 사실이었습니다! 하나님께서는 오늘도 기적을 행하십니다. 나는 그곳에서 귀가 들리고, 딱딱하게 굳었던 무릎이 수년 만에 처음으로 굽어지고, 비뚤어진 발이 펴지고, 충치가 낫고, 암 같은 내과질병이 치유되었다고 고백하는 것을 보고 들었습니다. 나 또한 후두염을 치료받았습니다. 나는 말을 거의 할 수 없는 상황이었는데 기도 후에 말도 할 수 있었고 찬송까지 부를 수 있었던 것입니다.

그 후 육체의 치유보다 더 중요한 치유가 임하였습니다. 과거의 상처와 죄를 예수님께 맡기면서 마음(잠재의식)의 치유가 임하였던 것입니다. 예수님께서는 십자가를 통해 우리의 짐을 지기 위해 죽으셨으며, 우리의 과거 상처와 죄를 예수님께 맡길 것을 배우는 동안 하나님과 우리 사이에 있던 벽이 무너져 내렸습니다.

하나님의 사랑이 새롭고 놀라운 방법으로 임했기 때문에 우리는 중생이 어떤 느낌이라는 것을 알 수 있었습니다. 하지만 이것만으론 충분한 축복이 아니라는 듯, 훨씬 더 엄청난 무엇인가가 일어났습니다. 예수님께서 약속하신 성령세례를 우리에게 주신 것이었습니다.

그 후 내가 가장 하고 싶었던 것은 성경을 자세히 살펴보는 것이었습니다. 그 이유는 하나님께서 약속하신 또 다른 것이 있는가를 성경을 통해 확인해 보고 싶었기 때문이었습니다. 왜냐하면, 하나님의 약속은 사실이기 때문이었습니다. 그 과정을 통해 나는 내가 한국에 가는 것을 예비하신 분은 바로 하나님이시라는 사실을 분명히 깨달았습니다. 내 자신이 부적합하다고만 느꼈던 나는 이제 한국에 가서 살아 계신 하나님에 대해 모든 이들과 나누기를 열망하였습니다.

만일 동생 디버니아가 아니었다면 이 모든 일은 내게 일어나지 않았을 것입니다. 디버니아의 삶은 내 영적 성장을 위해 드려진 산 제사였습니다. 이 모든 일은 빌 가싸드가 인용한 성경구절을 생각나게 합니다. "그리스도께서도 한번 죄를 위하여 죽으사 의인으로서 불의한 자를 대신하셨으니 이는 우리를 하나님 앞으로 인도하려 하심이라"(벧전 3:18).

자연과 더불어

　전국재 목사님이 예수원에 말씀을 전하려 오셨습니다. 말씀은 캠핑에 관한 것이었습니다. 우리 모두는 이 주제에 대해 기대를 갖고 모였습니다.

　전국재 목사님은 매년 여름마다 이곳 예수원의 초등학교 학생들과 십대 청소년들을 자신의 캠프에 초대해주고 계십니다. 아이들은 다음번 여름에 한번 더 캠프에 참여할 수 있기를 바라며 그곳에서 있었던 재미난 이야기들을 가지고 예수원으로 돌아오곤 합니다.

전 목사님은 강의를 통해 대부분 사람들의 인생이 너무나 제한되어 있고 틀에 박혀 있기 때문에 하나님께서 창조하신 바 그 자신의 모습으로 성장할 수 없다는 결론을 내리게 되었다고 말했습니다. 사회란 마치 우리 모두가 맞추어 들어가야 하는 틀과 같고, 결과적으로 사람들은 옆 사람보다 그 틀에 더 적합하게 되기 위해 경쟁하게 되었다고 말했습니다.

전 목사님은 이러한 현상에 맞서야 한다고 생각하며 이를 위해 자유로운 시간이 필요하고, 인위적인 틀을 떠나 자연과 가까이 하는 시간을 가져야 한다고 했습니다. 또한 하나님은 매우 열정적인 창조자로서, 식물과 동물을 창조하시되 각각의 고유한 프로그램을 갖게 하셨고, 남자와 여자 또한 각각 고유한 계획 가운데 만드셨는데, 하나님께서 각자 인생에게 주신 선물인 이 계획은 경쟁과 잘못된 선택에 의해 망쳐질 수 있다는 것입니다.

전 목사님은 대학에서 줄곧 이것에 대한 연구를 하였으며, 수년 동안 그 내용을 적용하고 시험해왔습니다. 그는 모든 아이들이 필요한 지도를 받아가며 자신이 원하는 대로 또 그 능력대로 자유를 갖게 되기를 원했습니다. 우리 역시 그의 견해에 전적으로 동의를 표했습니다.

남편 아처는 아팔라치안 산에서 있었던 캠프에서 젊은이들에게 꿈과 용기를 심어주기 위해 상담역할을 하며 대부분의 여름을 보냈었습니다. 어렸을 적 나도 아팔라치안 산에서 있었던 걸스카웃 캠프에서 나의 영혼이 주를 향해 달려 나아가는 것을 경험하였습니다. 우리가 결혼을 하였을 때, 둘이 가장 하고 싶었던 것은 신혼여행으로 캠핑을 가는 것이었습니다. 우리는 노스캐롤라이나주 체로키 근처에 있는 슉스택 산을 등산하였습니다. 너무 많이 걷는 바람에 이틀 뒤에는 다리가 무감각해지는 대가를 치렀지만 그때의 기억은 지금도 즐겁고 아름다운 것으로 남아있습니다.

아들 벤이 두 살 되었을 때, 아처와 나는 메사츄세츠의 교회 캠프에서 카운슬러로 봉사하였습니다. 벤과 아처는 별을 보며 잠자기 위해 종종 슬피핑백을 갖고 캠프 밖으로 하이킹을 떠나곤 하였습니다. 훗날 아버지와 함께 예수원을 개척할 때 7개월간 군용천막에서 지냈던 벤에게 두 살 때의 이 경험은 산 속 캠프생활의 첫 출발이었던 셈입니다. 산 속에서의 거친 삶은 벤으로 하여금 다른 사람들과 그리고 하나님과 함께 무엇인가를 만들어 내도록 하였습니다. 그들은 먼저 거친 산을 사람들이 생활할 수 있는 캠프로 만들었고, 그 캠프는 이제 목적이 뚜렷한 그리스도인들의 공동체가 되었습니다.

벤은 첫 4년 간 모든 어려움과 불편함을 우리와 함께 참아냈고 그 기간을 오히려 무엇인가를 계발하고 고안해내는 기회로 삼았습니다. 아버지와 함께 유압 펌프를 설치한 벤은 냇가의 물을 저수지로 끌어 올린 다음, 그곳에서 물을 정화시켜 집으로 연결된 수도관으로 내려가도록 하였습니다. 전기 없는 집에 불을 밝히기 위하여 그는 광부들이 사용하는 카바이드 등을 만들었으며, 초와 '토끼 버너'를 만들었습니다. 누가 토끼 버너를 고안해 냈는지는 알 수 없었지만, 그것은 정말 아주 유용하게 사용되었습니다.

벤은 카드 보드를 둥글게 말아 작은 참치 통조림에 끼어 맞춘 뒤, 그곳에 왁스를 녹여 넣어 토끼 버너를 만들었습니다. 토끼 버너에 성냥으로 불을 붙이면 아주 오랫동안 빛을 냈고 캠프파이어에서 음식을 만들 때도 사용되었습니다. 비록 나 홀로 보이스카웃이었지만 벤은 보이스카웃 매뉴얼에 따라 독수리 기장을 받았습니다.

우리 가족의 캠프는 보이스카웃에 관한한 완벽한 환경이

었습니다. 보이스카웃 매뉴얼이나 고등학교 과정을 스스로 공부하는 가운데 벤에게 어려운 것이 생기면 아버지가 도움이 되어주었습니다. 둘은 끊임없이 대화를 나누었습니다. 나는 어떤 사람들이 "나는 결코 아버지를 이해할 수 없습니다."라고 말하는 것을 들을 때마다 아처와 벤 둘 사이의 관계를 생각하며 감사를 드렸습니다. 아들이나 딸에게 있어서 아버지는 너무나 중요하며, 또 아주 큰 축복이 될 수 있습니다.

또한 천막에는 예수원 프로젝트를 돕기로 한 열 명의 형제들도 함께 묵고 있었습니다. 그들은 용감하고, 열정적이었으며, 비전이라는 면에서 아처와 벤과 잘 맞았고, 기도하는 집과 공동체를 만드는 꿈을 함께 갖고 있었습니다. 처음 몇 년간, 우리에게는 오늘날과 같은 지원생, 수련생, 공동체 회원 같은 제도가 없었습니다. 당시 우리는 서로를 캠퍼(야영을 함께하는 자)로 불렀습니다.

둘째 딸 버니는 자라면서 산과 나무와 냇가와 동물들을 벗 삼아 지내는 것을 너무 좋아해서 천막 밖에서 잠자는 것을 즐겨했습니다. 버니는 친구들과도 자주 천막 밖에서 지냈는데, 한번은 45분 거리의 산 정상에서 슬리핑백, 취사도구, 강아지를 데리고 사흘 밤을 보내고 싶어 하였습니다.

홀로 야영을 하고 있는 버니

매우 열정적인 창조자이신 하나님은
식물과 동물을 창조하시되
각각의 고유한 프로그램을 갖게 하셨고
남자와 여자 또한 각각 고유한 계획 가운데 만드셨는데
하나님께서 각자 인생에게 주신 선물인 이 계획은
경쟁과 잘못된 선택에 의해 망쳐질 수 있습니다

나는 깜짝 놀랐습니다. 당시 캄캄한 밤에 혼자 산에 올라가는 것은, 그 누구도 심지어 경찰이라도 하려 하지 않았습니다. 무장공비가 있을지도 모르고 또다른 위험이 있을지도 모르기 때문이었습니다.

버니는 두려움을 모르는 아이였습니다. 버니가 아무리 좋아하는 일일지라도 엄마로서 버니를 못 가게 해야 할까요? 대개 부모와아이들이 그렇게 하듯이, 우리는 타협을 하였습니다. 내가 염려하는 바를 이해한 버니는 매일 티타임(오후4시)에 산에서 내려와 잘 지내고 있다는 것을 알리기로 하였습니다. 그리고 그렇게 하였습니다.

옌시는 소나무 숲 캠프에서 많은 사람들과 함께 캠핑하는 것을 좋아했습니다. 그것은 선교사들과 외교관 사람들이 외국 아이들을 위해 계획한 것이었는데, 전 목사님의 아이디어와 잘 맞는 것이었습니다.

말씀을 전하고 이틀 뒤, 전 목사님이 다시 돌아와 캠프가 주는 재미를 우리에게 실제로 알려주었습니다. 그는 우리에게 자연과 함께 하는 자유로운 시간이 필요하다고 하였습니다. 어떤 아이들은 처음에 자유로운 시간이 주어지면 스스로 무엇을 해야 할지를 모르기도 하지만, 결국은 자유로운 시간을 좋아하게 된다고 하였습니다.

　캠프에서는 손으로 무언가를 만드는 시간과 경쟁이 아닌 협력의 게임이 꼭 필요하다고 강조하였습니다. 이 설명과 함께 전 목사는 그의 친구들(우리의 자녀들)과 그들의 부모 그리고 다른 예수원 형제자매들에게 노래와 율동과 여러 게임을 지도해주었는데 모두들 얼마나 즐거운 시간을 가졌는지 모릅니다. 우리는 우리의 오랜 소망인 꿈이 이루어져 양 목장이 청소년 캠프로 바뀔 때, 전 목사님으로부터 많은 도움을 받을 수 있기를 기도하고 있습니다.

하나님의 마술솜씨

"이번 주말엔 벚꽃을 보러 남쪽으로 갑시다."라는 데이빗(유재건)의 말에 나는 "어떻게? 여기 예수원은 아직도 한 겨울인데!"라고 말했습니다. 그러자 그는 "그곳 사람들은 벚꽃이 언제 만개하는지 알아요. 사모님께서 좀 더 기다리신다면 그때쯤에는 비가 와서 꽃들이 모두 떨어질 수도 있어요."라고 했습니다. 그는 가족들을 데리고 가서 나무숲을 거닐고 벚꽃 길을 드라이브하고 싶어 했습니다. 그리고 내게도 그곳의 아름다운 풍경을 보여주고 싶다며 나와 딸 옌시 그리고 친구인 최버니스를 함께 벚꽃축제에 초대하였습니다.

여행은 그 무렵 가장 아름다운 도시인 진해를 방문하는 것이었습니다. 데이빗은 수년 전 그곳 해군에서 복무를 했고, 바로 그곳의 벚꽃나무 아래서 아내인 김의성 자매에게 프로포즈를 했다고 합니다. 그와 가족들은 서울에서부터 먼 거리를 운전하고 왔지만, 지난날 추억으로 들떠서인지 그에게는 마치 짧은 거리를 운전하고 온 듯 보였습니다. 우리는 중간지점에서 그들과 만나기로 하였습니다.

옌시와 나는 통리역에서 기차를 타고 4시간 후에 경주에 도착하였습니다. 어둠 속에 나타난 최버니스가 우리를 맞이하고는 멋진 장소로 안내하였습니다. 그곳에서 저녁을 먹고 하룻밤을 묵었는데 아침이 되어서야 우리는 마법에 걸린 듯 '요정의 나라'에 들어와 있다는 것을 알게 되었습니다.

이전에도 경주를 방문한 적이 있었지만 그때는 겨울이었습니다. 당시 누군가가 시커멓고 별로 눈에 띄지 않는 채로 늘어서 있는 벚꽃나무들을 가리킨 적이 있었는데 이번에 내가 보고 있는 아름다운 광경을 그때는 상상도 할 수 없었습니다.

창 밖에 펼쳐진 광경은 마치 핑크빛 레이스를 단 긴 리본과 같았습니다. 벚꽃 나무들이 하도 빽빽하게 들어서 있어서 그 밑을 걸어가는 사람이나 자전거들은 잠시 사라졌다가 나무들이 덜 빽빽하게 늘어서 있는 지점에서 다시 모습을 나타내곤 했습니다. 그리고 저 멀리 파란 호수를 사이에 두고 이러한 핑크빛 레이스의 리본들이 서넛은 더 있었습니다.

우리를 만나러 온 친구들과 근사한 저녁을 마친 우리 역시 그 꽃길을 걷지 않을 수 없었습니다. 그 광경을 무엇이라고 해야 할까요? 마치 낮게 뜬 태양이 구름을 비추는 환한 터널과 같다고 해야 할까요? 진해는 벚꽃으로 유명한 곳인데 어느 곳이 이보다 더 훌륭할 수 있을까요?

우리가 호텔로 돌아와 차를 마시고 있을 때, 데이빗이 아내와 두 자녀를 데리고 왔습니다. 그가 빌려온 밴에 우리 모두는 몸을 싣고 진해로 향하는 차량 대열에 합류하였습니다. 차가 처음 멈춘 곳은 특별히 회 요리를 잘하는 일식집이었습니다. 나는 살아 움직이는 회는 다른 사람들에게 기꺼이 양보하고 전복죽을 맛있게 먹었습니다. 경주에서처럼 다시 어두운 저녁에 도착한 우리는 다음날 어떤 일이 기다리고 있는

지 몰랐습니다. 그런데 데이빗은 "결코 실망하지 않으실 겁니다."라는 말을 우리에게 남겼습니다.

다음날 일정의 첫 순서는 종려주일 예배를 드리는 것이었습니다. 교회마당에서 우리는 종려나무가지를 흔들면서 나뭇잎사이로 떨어지는 햇빛을 맞으며 교회로 들어오는 해군 장병들을 지켜보았습니다. 나무들은 수령이 오래되었으며 몸 둘레가 큰 것들로 각 나무들에는 엄청난 벚꽃송이가 달려있었습니다.

진해가 이렇게 아름다운 벚꽃 도시가 된 것은 옛날 야생 벚꽃나무를 산에서 캐내어 도시 곳곳 가능한 모든 곳에 심었기 때문이라고 합니다. 그리고 야생 벚꽃나무들이 뿌리를 내리고 성장하는 동안 사람들의 사랑을 받고 물을 공급 받았을 것입니다. 이제 나무들은 수년 동안 성장하여 말로 다 할 수 없는 아름다움을 뽐내고 있습니다.

데이빗은 우리가 벚꽃의 아름다움을 만끽하기를 원했을 뿐 아니라 깜짝 놀랄만한 또 다른 일을 준비하고 있었습니다. 그는 우리에게 자신의 친구를 소개하였습니다. 그는 전함 36척을 지휘하는 최 함장이라는 사람이었습니다.

우리는 전함 중 한 척에 승선하여 해군들이 사용하는 좁

나는 너무나도 아름다운 벚꽃 풍경에 그만 할 말을 잃었습니다

다란 통로를 걷고 또 많은 계단을 올라갔습니다. 우리는 전함의 길이, 건조 비용 그리고 가공할 만한 무기에 대한 이야기를 듣고 어안이 벙벙할 뿐이었습니다. 함장 부부와 사진을 찍고 난 후, 나는 '어떤 구경이 이보다 더 좋을 수 있을까?'라는 생각을 하였습니다.

하지만, 그것 뿐만이 아니었습니다. 우리는 함장의 지휘선에서 식사를 하기 위해 다른 배로 안내되었습니다. 긴급한 용무로 함장이 자리를 함께 할 수 없게 되자, 부함장이 훌륭한 한국 음식으로 우리를 대접하였습니다.

식사 후 우리는 해군 사관학교로 차를 돌렸습니다. 그곳은 이미 벚꽃 나들이를 하러 온 가족들과 활짝 핀 벚꽃으로 교정이 이미 가득 찬 상태였습니다. 우리가 실망하지 않을 것이라던 데이빗의 말은 옳았습니다. 그의 아들 마이클(승현)과 딸 제니퍼(미선)는 나라를 위해 해군에서 복무한 아버지의 삶에 대해 많은 것을 알게 되었을 것입니다.

그런데 이것이 전부가 아니었습니다. 벚꽃이 만발한 가운데 우리는 이승만 대통령의 별장으로 안내되었습니다. 나무가 둘러쳐진 언덕 위에 세워진 아름다운 그곳은 다음 대통령들에 의해 계속 사용되었습니다.

늦은 저녁 경주로 돌아온 우리는 데이빗의 가족과 작별인

사를 하였습니다. 그리고는 우리의 다음 여정을 진행하였습니다. 최버니스는 우리를 태우고 한동대학교로 갔습니다. 그곳에서 하룻밤을 지낸 뒤, 다음날 우리는 근처 병원에 있는 친구를 찾아가기로 하였습니다. 그는 한 때 예수원 멤버였고 현재 몽골파송 선교사인 가말리엘(김학관)입니다.

그런데 그와 그의 아내 글로리아(김영미)는 위 수술을 받은 지 이틀 만에 담대하게도 병원 복도를 걷고 있었습니다. 그들의 세 살 난 아들은 서울에서 다중 경화증 치료를 받고 있고 여섯 살 난 딸은 예수원의 유치원에 다니고 있습니다. 그들은 하나님께서 치료해주실 것과 자신들이 곧 몽골로 돌아갈 것을 믿고 있었습니다.

그들과 점심을 먹고 차를 마신 후 우리는 가말리엘에게 문병 온 예수원 가족들과 함께 집으로 돌아왔습니다. 우리의 여행이 모두 아름답고 재미난 것만은 아니었습니다. 하지만 병원에서의 재회로 서로에 대한 우리의 사랑을 굳건히 할 수 있었습니다.

이제 이곳 예수원에서 우리는 진해보다 한 달 늦게 피는 야생 벚꽃의 만개를 기다리고 있습니다. 예수원 건너편 산에 봄의 푸르름이 보이기 시작하고 핑크빛 솜사탕이 여기 저기

피어나게 되면, 우리는 하나님의 창조 열정이 이곳에 자연의 마술과도 같은 아름다움을 허락하셨다는 것을 알게 될 것입니다. 로마서 1장 20절의 말씀처럼 말입니다.

"창세로부터 그의 보이지 아니하는 것들 곧 그의 영원하신 능력과 신성이 그 만드신 만물에 분명히 보여 알게 되나니 그러므로 저희가 핑계치 못할지니라."

자녀교육 8계명

　　하나님의 영이 충만한 친구들은 이해할 수 있었지만, 그렇지 않은 대다수의 친구들은 우리들이 산골짜기에 올라와 천막 속에서 생활을 시작하고 또 하나님께서 보내주시는 후원금으로 조금씩 조금씩 집을 지어나가는 것을 이해하지 못했습니다. 하지만 하나님께서 이 산골짜기를 목적이 뚜렷한 기독공동체로 만들어 주실 것을 믿고 있던 남편은 그곳에 가서 기도의 집을 세우라는 것이 하나님의 부르심임을 알고 있었습니다.

아내인 나 또한 남편을 좇아 함께 가는 것이 나의 부르심임을 알고 있었습니다. 자기 스스로를 돌볼 수 있고 모험심이 넘쳤던 십대의 벤도 기쁘게 우리와 합류하였습니다. 부모에게 모든 것을 의지하던 두 살 난 옌시와 옌시의 오빠는 이러한 사실을 자연스럽게 받아들였습니다. 그리고 그곳에서 2년째 되던 해 버니가 태어났습니다.

많은 문제들이 생길 수 있다는 것을 알고 있었지만, 우리를 부르신 하나님께서 문제의 해결자가 되어 주실 것이라는 점 또한 알고 있었습니다. 친구들은 '거친 야산에서 자녀들을 키우면, 훗날 아이들이 바깥세상에서 어떻게 살아가겠냐?'는 문제를 제기했고 이 문제가 우리들에게도 가장 문제가 될 것이라고 염려했습니다.

저 역시 이 문제에서 자유로울 수 없었지만 이 질문이 떠오를 때면 그것을 한 쪽으로 밀쳐두어야 했습니다. 청소를 하고 요리를 하며 산이나 정원에서 나물 같은 먹거리를 캐고 찾아올 손님을 위해 침실을 정돈하고 그리고 계속해서 우리에게 있는 것으로 모든 것을 꾸려나가야 하는 법을 배워야

했기 때문에 나는 매순간 닥치는 일에 몰두할 수밖에 없었습니다.

나는 아이들이 바깥세상에 적응할 수 있도록 어떻게 도울까를 생각하기보다는 오히려, 그때그때마다 내게 일어나는 문제를 아이들로 하여금 돕도록 하였습니다. 아이들의 손과 생각과 마음은 종종 내가 갖고 있던 문제들로 채워졌습니다. 심지어는 위기상황에서까지도 아이들은 기도를 하며 우리를 도왔습니다. 나는 예수원을 세우는 데 우리들이 함께 일을 해나가면 하나님께서 아이들을 책임져 주실 것이라고 믿었습니다.

내가 우리 아이들이 처한 상황을 하나하나 살펴나가려 하자 하나님께서는 나에게 작은 통찰력을 주셨습니다. 그것은 우리 아이들이 꼭 배워야 할 것들에 대해서였습니다.

첫째로, 아이들은 누가 자신들을 사랑하고 있으며, 그들 또한 누군가에 대해 책임을 져야 한다는 것을 알아야 합니다. 그것은 간단한 문제였습니다. 왜냐하면 아빠와 엄마인 우리가 언제나 우리 아이들과 삶을 함께 나누며(모든 스트레스까지도), 또 아이들을 사랑하고 아이들과 언제나 함께 있었기 때문입니다.

둘째로, 아이들은 자신이 만나는 사람들 대부분과 친구가 될 수 있고, 또 그들에게 마음을 열고 자연스럽게 어울릴 수 있어야 한다는 것을 배워야 합니다. 그런데 이 점 역시 여러 가족들이 함께 살아가는 공동체 안에서는 쉽게 배울 수 있는 점이었습니다.

셋째로, 아이들은 나쁜 사람들로부터 자신을 보호해야 하는 법을 배워야 합니다. 그런데 우리 아이들은 어려서부터 나쁜 목적을 갖고 찾아 온 사람들(폭력배나 술주정꾼이나 불량배들)로 인해 어려움을 겪은 경험을 갖고 있었습니다.

넷째로, 아이들은 훈련을 받아야 하며 좋은 행실을 배워야 하는데 이것은 아이들이 어렸을 적, 부모님의 사랑과 가르침과 본을 받으면서 시작됩니다. 사랑은 필요할 때면 매를 허용합니다. 물론, 그것은 시편 13편 24절의 말씀처럼, 오직 하나님의 권위 아래서입니다.

다섯째로, 아이들은 말과 행동과 돈을 다루는 데 있어서 진실하게 행하는 것의 중요성을 배워야합니다. 나는 남편이 열세 살 된 옌시에게 미국 수표를 주고는 서울에서 바꾸어오게 한 일이 생각납니다. 당시 옌시는 치아 교정을 하기 위해 한 달에 한번씩 서울에 가곤 하였습니다. 그래서 한동안은 예수원에서 외국 돈을 담당하는 중책을 맡기도 하였습니다.

어린 엔시는 정직하게 돈을 다루는 법을 배워나갔습니다

만일 조금이라도 경비가 발생한 경우에 옌시는 아버지에게 영수증을 갖다 주었습니다.

여섯째로, 아이들은 자신을 표현할 자유가 있다는 것을 배워야 합니다. 이것은 하나님께서 각 개인에게 그 자신의 유익뿐 아니라 주위 사람들의 유익을 위하여 각각의 고유한 은사를 주셨기 때문에 더욱 중요한 것입니다.

하나님은 지금도 당신의 백성을 통해 세상을 창조하고 계십니다. 몇몇 위대한 발명가들은 자신의 부모들이 놀이와 또 자신들의 취미를 계발하는 데 어려서부터 많은 시간을 허락해주었기 때문에 그것이 그들로 하여금 새로운 것을 만들어 내도록 하였다고 말하고 있습니다.

일곱째로, 아이들은 가족을 향한 하나님의 계획을 배워야 합니다. 그 계획은 바로 아버지와 어머니 그리고 그 둘 사이에서 태어난 자녀들이 사랑 안에서 책임을 느끼며 서로에게 헌신하는 것을 말합니다.

여덟째로, 무엇보다 자녀들은 그들에 대한 하나님의 사랑과 그 사랑에 반응하는 것을 배워야합니다. 사람들은 "왜 창조주께서는 우리들을 당신의 형상대로 모든 면에서 선하게 만들지 않았냐?"고 묻기도 합니다. 그럴 때면 우리들은 이렇게 말합니다. "왜냐하면 하나님은 우리들이 기계적으로 선한 인격이 아니라 선을 이룰 수 있는 사랑의 인격이 되기를 원하시기 때문입니다. 하나님은 우리들이 당신을 사랑하고 또 그 말씀에 순종하는 삶을 스스로 선택하기를 원하고 계십니다." "누구든지 그의 말씀을 지키는 자는 하나님의 사랑이 참으로 그 속에서 온전케 되었나니"(요일 2:5). 하나님이 주신 십계명이 우리 안에 새겨지고 그 계명에 순응할 때, 하나님에 대한 우리의 사랑은 커져갑니다. 하지만, 그 계명에 순종하지 않으면, 하나님과 우리사이에 벽이 세워지게 되고 삶은 그 의미를 잃어버리게 됩니다.

바깥세상과 마찬가지로 이곳 예수원에도 하나님께 불순종하거나 혹은 순종할 수 있는 선택의 기회들이 많이 있습니다. 그렇다면 예수원과 바깥세상과의 차이는 어디에 있습니까?

바깥세상에서 아이들은 대개 버스를 타거나 지하철을 이용하여 학교에 갑니다. 교실에 수많은 학생들이 있고, 그 중에서 몇몇과 친구가 됩니다. 그들은 교과목을 열심히 배웁니다. 부모님들은 아이들이 집안일을 돕지 않고 공부에만 전념하기를 원합니다. 너무나 다양한 음식이 있고, 여가를 보낼 때면 쉽게 TV를 볼 수 있습니다. 이 모든 것이 좋아 보이고 더 나아보일 수 있습니다.

산골짜기에서는 아이들이 걸어서 학교에 갑니다. 그 길을 따라가며 아이들은 근육을 단련시키고 자연을 관찰하게 됩니다. 교실에는 적은 수의 학생들이 앉아 있을 뿐입니다. 때문에 아이 한 명 한 명이 주목을 받고 경쟁도 심하지 않습니다. 예수원의 가족들은 학생을 돕고 학생들은 종종 어른들의 사역을 도울 때가 있습니다. 음식은 다양하지 않지만, 건강에 좋은 것이며 비타민이 풍부합니다. 여가시간에 아이들은 재미난 놀이를 하거나 새로운 곳을 찾아 나섭니다. 이런 것 모두가 좋은 점들이고 더 좋은 것도 얼마든지 있습니다.

나의 계획이나 의도와는 관계없이 우리 세 아이들은 산골짜기와 바깥세상에서 동시에 생활을 해왔습니다. 그들은 산골짜기와 바깥세상에서 잘 적응하였습니다. 나는 비록 바깥세상에서 생활과 일을 하고 있을지라도 이 산골짜기를 사랑하고 가능할 때면 언제든 찾아오는 아이들로 이끌어 주신 하나님께 감사드립니다.

에필로그

어머니, 사랑합니다

아버지께서 주님 곁으로 가신지, 몇 달 후 어머니는 신앙계로부터 원고 청탁을 받으셨습니다. 원고의 주제는 가정의 소중한 가치에 대해 나누어달라는 것이었고 어머니는 선교사로서, 한 목회자의 사모로서 강원도 산골에서 자녀들을 양육하면서 갖게 된 경험과 생각들을 나누려 하셨습니다. 그러면서도 약간의 망설임과 함께 매달 원고를 내야한다는 것에 대해 어머니는 부담을 가지셨습니다.

그러나 나는 이 일이 어머니와 비슷한 경험을 하고 있는 분이나 그 사랑의 말을 통해 격려받을 사람들을 위해 소중한 기회가 될 수 있으리라고 느꼈습니다. 말씀이란 널리 퍼져나가야 되는데 늘 보이지 않는 뒤편에서 아버지의 힘이 되어 주셨던 어머니가 이제는 앞으로 나오셔서 아버지와 함께 나누었던 비전을 다른 사람들에게 말해 주실 때였습니다. 나는 어머니에게 그 일을 꼭 하실 수 있으며 나 또한 그동안에 있었던 가족 이야기를 들려드리므로 도와드리겠다고 말씀드렸습니다. 기쁘게도 어머니는 그 일을 수락하셨습니다.

　매달, 어머니께서 원고를 작성하실 때면 우리는 원고에 대한 생각을 나누었고 이전에 함께 하였던 추억들을 이야기하였습니다. 때로 우리는 우리 중 한 사람만 알고 있던 이야기나 서로 잘 알지 못했던 상황들을 이야기를 나누며 알게 되었습니다. 이런 경험들을 나누면서 우리는 더 많이 대화를 하게 되었고 서로를 더 잘 알게 되었습니다. 예를 들어, 내가 마을 학교에 다녔을 때 어머니께서 몰랐던 일들이 많이 있었는데 이야기를 나누면서 어머니는 어린 아이로서 내가 경험하였던 세계에 대해 더 많이 알게 되셨습니다. 이렇게 계속된 우리들(아버지를 포함한)의 추억 여행은 아버지의 죽음으로 인한 슬픔을 이기게 해주었습니다.

　한번은 어머니에게 아버지께서 이반의 코펙 이야기를 해주셨던 것을 말씀드렸습니다. 그것은 이반이 마을에서 새로 종을 만들기 위해 철물을 모으고 있을 때 갖고 있던 코펙(러시아 동전) 한 닢을 드린 것에 관한 이야기입니다. 사람들은 보잘 것 없는 이반의 작은 동전을 우습게 여겼지만, 종에 금이 가는 걸 막은 것은 바로 이반의 코펙이었습니다. 아버지는 종방울이 종을 때릴 때 가장 아름다운 소리를 내고는 왔다 갔다 하면서 종의 표면에 빛나는 이반의 코펙 모양이 나타났다는 이야기를 하실 때면 목소리를 내지 못하셨습니다. 그럴 때면 나는 의아해 했습니다. "왜 아버지는 이 이야기를 하실 때면 늘 우시는 것일까?" 하지만 내가 이 이야기를 어머니에게 해드렸을 때, 나 역시 눈에 눈물이 고이고 목소리가 격앙되는 것이었습니다. 어머니 눈에도 역시 눈물이 가득 고였고 말입니다. 우리는 긍휼과 의에 대하여 깊은 영감을 나타내셨던 아버지에 대해 생각하고 있었습니다.

어머니를 설득하여 신앙계의 제의를 받아들이도록 했을 때 나는 이 일이 어머니께 어려움이 될 것이라고는 생각하지 않았습니다. 어머니께서도 혼자가 되시면서 그림을 그리거나 수년 동안 미루어왔던 일들을 할 수 있는 자유로운 시간을 갖게 되었다고 생각하셨습니다. 그러나 우리는 아버지의 소천 이후 어머니 어깨에 지워질 짐들에 대해서 미처 생각하지 못했습니다.

나는 어머니께서 밤늦도록 마감 시간에 맞추어 원고와 스케치를 끝내기 위해 애쓰는 모습을 종종 보았습니다. 80세가 넘으신 어머니는 예수원의 복잡한 행정 일을 챙기시며 거의 매일 손님을 접대하고, 그 무엇보다 우선하여 마감일에 맞추어 원고를 작성하시며 쉴 틈 없이 일을 하셔야 했습니다.

지난겨울 병원에 입원하셨을 때, 어머니는 화구를 챙겨 가셨습니다. 병원에 있는 동안 신앙계 다음호에 실릴 스케치를 그리기 위해서였습니다. 어머니가 그렇게까지 애쓰시는 모습을 보며 나는 죄책감마저 들었습니다. "옌시야, 네가 이 일을 하게 한 거야."라고 말씀하시는 어머니의 목소리가 들리는 것 같았습니다.

매번 마감일마다 보여준 어머니의 책임감과 헌신으로 나는 주어진 어떤 일이건 진지하게 대하되 자신의 몫을 기쁘게 행하고 마무리를 잘 짓는 것이 얼마나 중요한 것인가를 깨달을 수 있었습니다. 실제로 어머니는 매달 임무를 완수할 수 있다는 사실에 스스로 놀라하셨고 힘든 일을 마치고 나서는 일종의 성취감도 즐기셨습니다.

이따금 벤과 버니도 원고를 위해 어머니께 옛날이야기를 들려드렸고, 어머니의 원고 작업은 어느 덧 가족 전체의 일이 되었습니다. 서로 돕고 격려하는 것은 우리에게 좋은 가르침을 주었습니다. 하나님의 가족이 크면 클수록 얼마나 서로를 더 많이 돕고 격려할 수 있는지요!

어머니를 아는 사람들은 항상 세세한 것까지 기억하는 어머니의 기억력, 사려 깊고 섬세한 성품에 큰 인상을 받습니다. 내가 대수롭지 않게 여기고 넘어갔던 과거의 일들에 대해 어머니가 원고를 쓰실 때 자세히 기억해내는 것을 나는 자주 보았습니다. 어머니가 그토록 자세하게 기억해내는 것을 보면서 하나님께서는 얼마나 더 자세하게 우리의 모든 것을 기억하고 계실까라는 깨달음을 가질 수 있었습니다.

서른여섯의 나이에 한국에 오신 어머니는 이제 여든여섯이십니다. 한국에서 지낸 기간이 자신이 태어난 고국에서 보낸 시간보다 더 오래되신 어머니는 한국 근대사에 있어 중요한 많은 일들을 지켜보셨습니다. 한국은 어머니의 제2의 고향입니다. 이제는 아버지가 더 이상 곁에 계시지 않지만 많은 사람들이 보여준 사랑과 보살핌이 어머니에게 큰 위로가 된 한국에서 계속 사는 것이 행복하다고 어머니는 말씀하십니다.

"어머니, 당신은 나에게 내가 무엇을 동경해야 하는지를 보여주셨으며, 어머니의 모습을 통해 그리스도 안에서 유머와 기쁨과 평안을 절대 잃지 말아야겠다는 다짐을 하게 됩니다. 어머니, 사랑합니다."

엔시 토레이